긴즈버그의 차별 정의

Decisions and Dissents of Justice Ruth Bader Ginsburg

cover art design © Gregg Kulick

RUTH BADER GINSBURG

긴즈버그의 **차별 정의**

루스 베이더 긴즈버그 | 코리 브렛슈나이더 해설 | 이나경 옮김

블랙피쉬
Black Fish

루스 베이더 긴즈버그 Ruth Bader Ginsburg

전 미국 연방대법원 대법관. 1933년 뉴욕 브루클린에서 태어났다. 코넬대학교에 입학해 석사 과정을 마친 후 1956년 하버드대학교 로스쿨에 입학한다. 당시 〈하버드 로 리뷰〉에 참여한 첫 번째 여성이 된다. 이후 뉴욕에서 일자리를 구한 남편을 따라 컬럼비아대학교 로스쿨에 편입학해, 공동 수석으로 졸업한다. 하지만 여성 차별로 일자리를 구하지 못했고, 교수의 추천으로 재판연구원이 된다. 럿거스대학교 로스쿨, 컬럼비아대학교 로스쿨의 교수로 재임하면서 학생을 가르치는 것 외에도 미국시민자유연맹에서 여성 인권 프로젝트를 창립하는 등 다방면으로 젠더 차별 이슈와 관련해 활동을 펼친다. 1980년 컬럼비아 특별재판구 연방항소법원 판사로 임명되었고, 1993년 클린턴 대통령의 지명을 받고 상원의원에서 96대 3으로 통과되어, 여성으로서는 두 번째로 연방대법원 대법관으로 임명된다. 오랫동안 맡은 여러 사건을 통해 여성과 소수자의 권리를 위해 꾸준히 의견을 개진했고, 대중적으로도 많은 지지를 받아왔다. 2020년 9월 18일, 췌장암으로 사망했다.

코리 브렛슈나이더 Corey Brettschneider

브라운대학교 정치학과 교수. 포덤대학교 로스쿨, 하버드대학교 로스쿨, 시카고대학교 로스쿨에서 방문 교수로서 학생들에게 주로 헌법과 정치를 가르치고 있다. 헌법과 시민의 자유 등을 주제로 책을 집필했으며, 학술지와 법학 관련 잡지는 물론 〈뉴욕타임스〉, 〈폴리티코〉, 〈워싱턴포스트〉 등 언론 매체에도 기고하고 있다. 그가 쓴 헌법 사례집은 미국 전역에서 법을 공부하는 학생들에게 널리 읽히고 있는 책 중 하나다.

차례

일러두기

- 이 책은 긴즈버그가 사망하기 전에 집필되었습니다.
- 이 책의 모든 주는 옮긴이의 주입니다.
- 본문 속 문장 부호는 국립국어원의 한글 맞춤법을 따랐으나, 긴즈버그의 원문을 충실히 담은 원서의 의도를 살렸습니다.

서문

미국 연방 대법원 대법관. 루스 베이더 긴즈버그의 공식
직함이다. 그러나 많은 팬 사이에서 그녀는 록 스타 같은 존
재다. 그녀의 삶을 기록한 여러 편의 전기와 영화가 있다.
대법원에 여성 대법관이 충분해질 때가 언제일 것 같으냐는
질문에 긴즈버그가 내놓은 "아홉 명일 때"라는 답은 인터넷
상에서 순식간에 화제가 되었다[*]. 그녀가 날마다 하는 운동
을 소개한 책이 나올 정도다. 긴즈버그의 인기는 별명에서
가늠할 수 있다. '악명 높은 RBG.'

이렇게 해서 긴즈버그는 누구나 아는 유명 인사가 됐다.
여성으로서는 두 번째 연방 대법원 대법관인 (샌드라 데이
오코너가 최초였다) 그녀가 유명한 것은 당연하다. 긴즈버
그가 남긴 업적은 젠더와 언변, 윗몸일으키기에 그치는 것
이 아니다. 그녀는 헌법이 보장하는 자유를 남녀에게 동등

---

[*] 미국 연방 대법원은 대법원장과 여덟 명의 대법관으로 구성된다.

하게 적용해야 한다고 미국 역사를 통틀어 어떤 법조인보다 더 치열하게 주장했다. 이 책에는 긴즈버그 대법관이 성평등을 확립하기 위해 기울인 노력을 담았다. 그녀는 남녀가 사회에서 동등한 입지에 서야 헌법이 모두의 자유를 보호할 수 있다고 믿었다.

긴즈버그의 여정은 오늘날의 위치와는 매우 동떨어진 곳에서 시작되었다. 1933년, 조앤 루스 베이더로 태어난 그녀는 뉴욕 브루클린의 노동자 거주 지역에서 자랐다. 고등학교 시절 그녀의 어머니는 암으로 투병하다 사망했다. 대학교를 졸업한 후 긴즈버그는 사회복지부에서 근무하던 중 딸을 낳은 뒤 사실상 좌천되었다. 화가 난 그녀는 차별에 굴복하지 않고 하버드 로스쿨에 진학해 남편 마틴 긴즈버그와 함께 학업을 이어갔다. 그 사이 마틴이 암 진단을 받고 치료하는 동안 긴즈버그는 그의 과제를 도와주면서 자신의 강의를 듣고 과정을 수료하며 아이를 키웠다. 이후 컬럼비아 로스쿨로 옮겨 수석 졸업했다.

같은 이력의 남성 동료라면 아무 문제 없이 직장을 구할 수 있었을 것이다. 하지만 긴즈버그는 탈락의 고배를 여러 번 마셨다. 헌법 담당 제럴드 건서 교수가 연방 판사에게 긴즈버그를 채용하지 않으면 컬럼비아 대학교 학생을 추천하지 않겠다고 한 후에야 그녀는 재판연구원으로 일할 수 있었다. 긴즈버그는 이후 럿거스 로스쿨에서 강의를 하게 됐는데, 미국 전체에 여성 법학과 교수가 20명도 안 되던 당시 차별은 늘 따라다녔다. 그녀는 남성 교수보다 낮은 연봉을 받았고, 이에 반발해 학교의 평등 임금 운동에 참여했다.

이처럼 부당한 일을 경험하면서 긴즈버그는 그다음 행보를 정했다. 1970년, 럿거스의 젠더 문제만 다루는 미국 최초의 법 학술지 〈여권 법 리포터Women's Rights Law Reporter〉의 고문이 되었다. 1972년, 그녀는 여성을 차별하는 법에 맞서기 위해 ACLU(미국시민자유연맹)의 여권 프로젝트를 공동 설립했다.

긴즈버그가 기울인 선구적 노력을 살피기 전에 이런 대의를 지지하게 된 맥락을 알아볼 필요가 있다. 1972년, 미국 헌법이 비준된 지 근 200년이 지났지만 헌법 내 성차별은 흔했고 위헌으로 간주되지 않는 경우가 많았다.

원래 헌법에는 여성에 대한 언급이 없다. 모든 대명사는 남성형이다. 독립선언문조차 '모든 남자는 평등하게 창조되었다'라고 선언한다. 헌법 제정 회의에 여성 대표는 없었고, 정치에 영향을 주려던 소수의 여성은 예외적 존재였다. 미국이 건국되던 시기 여성은 남성에게 종속된다고 여겨졌고,

투표권이 없었으며, 재산권에 제한을 받았고, 교육을 받지 못했다. 이외에도 불평등한 예는 수없이 많았다.

긴즈버그는 성평등을 명쾌하게 옹호하지 않는 부분—수정헌법 14조—을 천재적으로 이용해 성평등을 주장했다. 수정헌법 14조의 내용은 이렇다. '어떤 주 정부도… 관할구역 내 사람에게 동등한 법의 보호를 거부해서는 안 된다.' '남자'가 아닌 '사람'이라는 표현에 주목하자. 남북전쟁 이후 통과된 수정헌법 14조가 인종차별을 금지하기 위해 제정된 것임은 아무도 부인할 수 없다. 하지만 이 법의 초안을 잡은 이들은 긴즈버그처럼 뛰어난 법학자가 손을 쓸 수 있도록 내용에 여지를 두었다.

긴즈버그가 평등 보호 조항 적용 범위를 확대하는 일을 시작하기 전, 투표권 운동이 일어나 더욱 기본적인 자유를 요구했고 이를 얻어냈다. 1800년대 중반만 해도 재산을 가진 백인 남성만이 투표할 수 있었다. 남북전쟁 뒤 공화당과 흑인은 보통선거권을 확대하는 긴 투쟁에서 승리했고, 수정헌법 15조가 그 정점을 이뤘다. '시민의… 투표권은… 인종, 피부색, 이전의 노예 상태에 근거해서 거부하거나 축소할 수 없다.' 이는 당시 헌법에서 투표권을 가장 확실하게 보장하는 내용이었다.

그러나 여성은 철저히 제외되었다. 이유 있는 선택이었다. 흑인이 더 큰 위협을 받는다고 지정함으로써, 재건 시대 공화당은 수정헌법 15조의 투표권 보호 대상에서 젠더를 제외했다. 결국 1920년 8월 18일 비준된 수정헌법 19조를 통해 여성 투표권을 헌법으로 지정하기까지, 앨리스 폴 등이 지휘한 전혀 새로운 투표권 운동이 필요했다. '시민의… 투표권은 성별에 따라… 거부하거나 축소할 수 없다.'

그로부터 50년 뒤, 긴즈버그는 수정헌법 14조가 여성을 좀 더 넓은 범위에서 보호하도록 하는 작업을 시작했다. 1964년 민권법에 성별에 근거한 차별에 대한 보호를 포함시키자고 나선 여성 국회의원 등 정치권에도 동맹이 생겼다. 더욱이 긴즈버그가 소송 전략을 짜는 동안 '법 아래 권리의 평등은… 성별에 따라 거부하거나 축소할 수 없다'라고 선언하는 평등권 수정 조항의 비준을 위한 운동이 따로 진행됐다.

긴즈버그는 평등권 수정 조항의 통과를 지지했다. 하지만 그녀는 전면에 나서 시위하는 운동가보다는 학자이자 법조인으로서 공헌했다. 이 책에서 우리는 긴즈버그가 미국 내 법적 성평등을 실현하기 위해 헌법 해석 시 어떻게 노력했는지 살펴볼 것이다. 법조인으로서 그녀는 더 광범위한 사회적 목표를 이루기 위해 많은 노력을 기울였다. 여성이 남성과 동등한 지위를 갖고, 잠재력을 실현할 동등한 기회를 부여받으며, 퇴행하는 법이나 낡은 고정관념에서 벗어나게 하는 것. 이 목표를 이루면서 여성은 헌법이 한때 유산계급 백인 남성에게만 보장한 자치의 자유를 획득했다.

긴즈버그는 법적 성평등을 확보하기 위해 여러 면에서 투쟁했다. 그녀는 우선 법조계의 일반적 인식에 맞서 성평등에 관련된 논문을 발표했다. 그리고 ACLU의 입지를 이용해 여권 옹호를 위한 소송을 시작했다. 마지막으로 연방 법원과 연방 대법원 판사에 임명된 후에는 성평등에 대한 견해를 헌법 해석과 판결에 반영했다.

긴즈버그가 항상 이긴 것은 아니다. 그러나 지더라도 감명 깊은 소수 의견을 남기는 것으로 유명하다. (가령 이 책에 실린 '버웰 대 호비 로비 스토어스' 재판의 소수 의견은 인터넷으로 확산된 노래의 기초가 됐다.) 그러나 이러한 소수 의견은 단순히 유행어를 제공하는 데 그친 것이 아니다. 지배적 견해에서 벗어나는 용기를 발휘함으로써, 긴즈버그는 수정헌법 14조의 진정한 의미에 여성이 포함되어야 한다고 주장했다. ACLU를 시작하던 1970년대에는 그녀의 생각이 모두 받아들여지지 않았지만 말이다. 그리고 이런 시각이 보편화된 지금도 긴즈버그는 여전히 싸우고 있다. 그녀가 판사석에서 낭독하는 소수 의견은 만인이 평등한 권리를 행사하는 미래의 비전을 그린다.

긴즈버그의 소수 의견을 보고 우리는 자유의 핵심 요소를 기억해야 한다. 자유를 보장하기 위해서는 소수 의견을 제기하는 이들이 목소리를 낼 권리가 필수다. 모든 견해에 귀 기울여야 비로소 시민은 제대로 알고 판단을 내릴 수 있으며, 소수의 목소리에 힘이 실릴 때 가장 좋은 아이디어를 얻을 수 있다.

긴즈버그가 자유에 대해 쓴 글에는 세 가지 주제가 있다. 여성에 대한 동등한 보호, 생식의 자유, 시민권이다. 모두 긴즈버그가 주장하는 자유의 일면이다. 헌법은 만인이 사회에서 평등한 지위와 입지를 갖추도록 해야 하며, 여성이나 소수 인종을 차별하지 말아야 한다는 것이다.

긴즈버그는 평등 보호 조항을 통해 가장 직접적으로 성평등을 다뤘다. ACLU에서 그녀는 젠더에 근거한 차별이 위헌임을 법정과 사회에 알리고 설득하는 어려운 과제를 부여받았다. 긴즈버그는 단순히 법적 원칙뿐 아니라 상식에 관련해서도 사람들이 이유 없이 차별받아서는 안 된다고 호소했다. 만약 헌법이 불합리한 여성 차별을 금지한다는 사실을 증명한다면, 그보다 덜 두드러진 (그러나 여전히 유해한) 차별도 불법이라는 판결을 내릴 기초를 쌓게 될 터였다. 그녀가 재판연구원직을 구하던 때나 럿거스에서 임금 평등을 위해 싸우던 때처럼 차별받은 소송인만 찾으면 되었다.

긴즈버그는 1971년 '리드 대 리드' 사건에서 그런 소송인을 찾았다. 아들이 사망하자 헤어진 남편이 재산 집행인으로 지정되는 일을 겪은 샐리 리드였다. 아이다호주 법은 재산 집행인으로 여성보다 남성을 선호했기 때문이다. 샐리 리드는 자신이 재산을 관리해야 한다고 생각했다. 이 재판을 위해 긴즈버그는 평등 보호 조항을 이용해 두 가지 주장을 펼쳤다. 여성을 남성과 다르게 분류하는 법은 본질적인 기능이 의심스럽고, 여성을 부당하게 대우하거나 2급 시민으로 취급하는 법은 위헌이라는 것이다. 대법원은 이에 부분적으로 동의했고, 아이다호주 법이 자의적이고 위헌적으로 남녀를 차별한다고 판결했다.

긴즈버그로서는 승리를 거둔 셈이었다. 그러나 그녀의 목표는 자의적이지 않은 경우에도 여성 차별을 위헌으로 만드는 것이었다. 그러기 위해 '크레이그 대 보런' 재판에 법정 의견서를 제출했다. 이 재판의 대상은 18세 여성은 3.2도 이하 맥주를 살 수 있으나 남성은 21세가 되어야 살 수 있도록 허용하는 오클라호마주 법이었다. 이 법이 여성에게 유리하다고 보는 사람도 있다. 따지고 보면 이번만큼은 여성이 차별 대우의 수혜자니까.

하지만 긴즈버그는 그 논리의 핵심을 꿰뚫어 보았다. 젊은 여성이 젊은 남성보다 성숙하다는 고정관념에서 비롯된 법임을 알아본 것이다. 그리고 그 고정관념이 아무리 여성에게 긍정적인 것이라 해도, 남녀를 다르게 대우하는 법은 '남녀가 인간으로서 잠재력을 온전히 실현하는 데 장벽을 세우고… 성별에 근거해 차별하지 않는, 평등한 기회가 보장되는 사회로 가는 과정을 방해한다.' 다시 말해, 헌법상 자유를 실현하려면 성차에 대한 사회의 기대라는 부담에서 자유로울 권리도 필요하다.

'크레이그 대 보런' 재판에서 법정은 긴즈버그의 시각을 전부 채택하지 않았지만 그녀의 편을 들어 해당 법을 철폐했다. 이 판결은 음주 패턴에 대한 오클라호마주 측의 일반화가 '부당한 차별'이라고 봤다. 법정은 법이 성별에 따른 명백한 구별을 규정하는 경우 '중간 심사 기준'에 따라 검토해야 한다고 판단했다. 이 기준은 성별에 차이를 둔 법은 '중대한' 정부의 이해관계에 의해 정당화되어야 하며, 그 이해관계에 '실질적으로 관련'이 있어야 한다고 지정해 성차 분류가 부당하다는 긴즈버그의 주장에 한 발자국 더 가까이 다가갔다.

긴즈버그는 대법원에 들어가면서 이 법을 한 번 더 다룰 기회를 얻었다. 그녀가 세운 공적 중 가장 대표적인 것은 '미국 대 버지니아' 사건이다. 버지니아 사관학교는 남학교라는 환경이 아니면 '군대식 교육법'을 유지할 수 없다는 이유로 여성을 받지 않는 엘리트 리더십 학교였다. 긴즈버그와 그녀의 동료 대다수는 남학교 모델에 대한 이 학교의 설명이 여성에게 부당하고 불필요한 손해를 주는 고정관념에 기초한다고 여겼다. 역사적인 7 대 1 판결에서 대법원은 수정헌법 14조가 여성을 더욱 확실히 보호받도록 한다는 사실을 증명했다. 헌법은 불합리한 차별뿐 아니라 법에 '큰 관련'이 있는 '중대한' 목적 없는 차별 역시 금지한다. 긴즈버그의 '회의적인 정밀 조사' 기준—혹은 중간 심사 기준—은 여성이 단순히 성별 때문에 차별받을 수 없음을 분명히 했다.

성평등에 대한 긴즈버그의 비전이 항상 법정 다수의 시각인 것은 아니었다. '레드베터 대 굿이어타이어'의 임금 평등 재판에서 한 차례 쓰라린 패배를 한 경험이 있었다. 1964년 민권법 적용 대상에 여성이 포함되면서 성차별에 대한 사회 인식이 커졌음을 알렸다. 하지만 굿이어에서 수십 년 동안 같은 직급의 남성보다 적은 임금을 받은 매니저 릴리 레드베터를 보호할 정도는 아니었다. 법정은 임금 격차 고소 시한이 지났다는 이유로 레드베터에게 불리한 판결을 했다. 다수의 해석은 피고용인이 처음 같은 노동에 대해 적은 임금을 받은 때부터 공소시효가 계산된다는 것이었다. 레드베터가 그 후 해마다 낮은 임금을 받았지만, 각각의 차별이 공소시효를 연장시키지는 않는다고 판단했다. 긴즈버그는 '성별로 인한' 채용 차별을 금지하는 기념비적 법률을 이처럼 편협하고 형식적으로 해석하는 데 반대했다. 긴즈버그는 소수 의견에서 '여성을 임금 차별 희생자로 만드는 부당한 방식에 대한 법정의 몰이해와 무관심'을 신랄하게 비난했다.

긴즈버그는 당시 싸움에서 패배했지만, 더 큰 전투에서 승리했다. 2009년, 국회는 릴리 레드베터 평등 임금 법안을 통과시켜 피해자가 차별받을 때마다 공소시효를 연장시켰다. 긴즈버그는 법을 바꿀 창의적인 방법을 찾아냈다. 그녀의 소수 의견은 이 법률 제정에 적지 않은 역할을 했고, 릴리 레드베터처럼 여자라는 이유로 낮은 임금을 받은 이들이 법정 문을 쉽게 두드릴 수 있게 해주었다.

2부에서는 긴즈버그가 성평등과 밀접한 관계가 있다고 여긴 출산의 자유 관련 소송을 다룬다. 1973년 '로 대 웨이드 ^{Roe v. Wade}' 재판은 스스로 임신을 중지할 헌법상 권리를 확립했으며, 오늘날까지 임신 중지 토론에 빠지지 않고 등장한다. 그러나 긴즈버그는 이때 판결 내용이 달랐다면 더 기뻐했을 것이다.

그녀는 여성이 임신을 중지할 권리를 지지한다. '로 대 웨이드' 재판이 임신 중지 권리의 타당성을 적절히 논의하지 않았다고 믿는다. '로 대 웨이드' 재판은 사생활 보호권에 집중했으며, 긴즈버그는 이 또한 중요하다고 여긴다. 그러나 여성이 남성과 사회에서 동등한 위치에 설 권리—수정헌법 14조의 평등 보호 조항에 따라 보호받는—도 중요하다고 여긴다. 여성이 단순히 임신 중이라는 이유로 건강보험, 고용, 그 밖의 분야에서 불리한 대우를 받는다면, 이는 불평등한 일이다. 여성이 출산과 육아의 부담을 억지로 떠맡는다면, 남성만큼 자유로운 삶을 영위할 수 없다.

임신 중지 관련 법에서 평등 보호 조항을 전면에 내세운 것은 '스트럭 대 국방부' 재판이었다. 수전 스트럭 대위는 기존 공군 정책에 따라 임신 후 공군에서 명예 퇴역 명령을 받았다. 훗날 대법원 인준 청문회에서 말했듯 긴즈버그에게 '스트럭 대위처럼 여성이 임신으로 불리한 대우를 받는다는 것은 법 아래 평등한 대우를 거부하는 것과 같다.' '로 대 웨이드' 재판에서 집중한 사생활 보호권도 중요하다. 다만, 여성이 아이를 갖거나 갖지 않기로 한 결정에 대해 어떤 법도 처벌할 수 없다는 확인만큼 중요하지는 않다는 것이다. 임신부에 대한 차별이 성차별이 아닌 듯 포장하는 것은 편견을 감추는 것에 불과하다.

임신·출산 관련 재판에서 긴즈버그가 진 적도 많았다. '로 대 웨이드' 재판은 특별한 경우였다. '스트럭 대 국방부' 재판이 대법원에 오기 전 비공개로 해결되었기 때문이기도 하다. 그 후 '기덜디그 대 에일로Geduldig v. Aiello' 재판과 '제너럴 일렉트릭 대 길버트General Electric Company v. Gilbert' 재판에서는 건강 급여나 장애 급여와 임신을 구별하는 것이 반드시 성차별은 아니라는 판결이 나왔다.

긴즈버그는 이 때문에 대법원에서 일하는 내내 미묘한 입장에 처했다. 긴즈버그는 판사로서 '로 대 웨이드' 재판을 따랐으며 '스트럭 대 국방부' 재판을 통해 생겨난 임신 중지 권리에 대한 견해는 드러내지 않았다. 긴즈버그가 이처럼 실용주의적 태도를 보인 것은 효과가 있었다. 여성이 임신 혹은 임신 중지를 선택했다는 이유로 차별 대우를 받지 않도록 하는 방법을 창의적으로 찾아낸 것이다. 가령, 임신 중지 권리를 보호하지 않을 경우 어떤 위험이 따르는지 보여준

'홀 우먼스 헬스 대 헬러스테트' 재판에서 긴즈버그는 그 실질적인 의미를 설명했다. 긴즈버그는 '주 정부가 안전하고 법적인 시술을 받을 권리를 지나치게 제한하는 경우, 여성은 불법 시술소에 의존하게 되어… 건강과 안전에 큰 위협을 받는다'고 적었다.

'곤잘러스 대 카하트' 재판에서 긴즈버그는 임신 중지 권리를 제한하려는 다수 의견에 반대했다. '부분 출산 임신 중지* 금지 판결에 대법원이 찬성한 것은 긴즈버그 입장에서는 여성의 임신 및 출산 자결권을 침해하는 판결이었다. 그녀는 소수 의견을 통해 많은 사람이 관련 의료 절차에 대해 오해하고 있다고 강조했다. 하지만 긴즈버그는 여전히 사생활 보호를 평등 문제와 연결했다. '임신 중지 시술을 부당하게 제한하는 데 대한 소송은… 자신의 인생을 스스로 결정하고 평등한 시민의 지위를 누리고자 하는 여성의 자결권에 핵심을 둔다.'

출산 권리를 평등한 시민권 문제로 본 긴즈버그의 시각은 대법원 소수 의견으로 남았다. '버웰 대 호비 로비 스토어스' 재판에서 긴즈버그는 고용주가 종교적 이유로 피임을

---

* partial-birth abortion, 임신 후반기 중절 시술.

의료보험 보장에서 제외하도록 허용한 데 반대했다. 긴즈버그는 헌법적 가치와 자유 및 성평등의 관계에 대한 이해를 통해 종교 자유 회복법의 법적 해석을 뒷받침했다. '사우스이스턴 펜실베이니아주 가족계획 대 케이시Planned Parenthood of Southeastern Pennsylvania v. Casey'의 임신 중지 재판에서 긴즈버그는 샌드라 데이 오코너 판사의 의견을 인용하면서 '여성이 국가의 경제생활과 사회생활에 평등하게 참여하는 데 필요한 역량은 임신과 출산을 스스로 통제할 수 있을 때 증진된다'고 강조했다.

3부에서는 인종, 젠더, 성적 지향, 혹은 그 밖의 소수 정체성과 관계없이 모든 시민이 법 아래 평등한 지위를 누리도록 도구 역할을 하는 평등 보호 조항에 대한 긴즈버그의 광범위한 견해를 다룬다. 긴즈버그가 '크레이그 대 보런'의 '저알코올 맥주' 재판에서 여성이 사회적으로 남성에게 종속되어 있다는 사실보다 남녀의 차이를 지나치게 강조했다고 비난할 수 있다. 하지만 전자의 사실을 강조했다면 긴즈버그는 법적 오류를 저질렀을 것이다. 긴즈버그는 '저알코올 맥주'법이 여성에 대한 고정관념이 잘못된 생각을 퍼뜨리고 여성을 자신의 삶을 스스로 결정할 능력이 부족한 존재로 취급하기 때문에 해롭다고 생각했다. 그녀는 여성의 자유를 침해하고 여성을 남성보다 못한 존재로 취급하는 고정관념은 없애야 한다고 믿었다.

종속에 폭넓은 초점을 맞춤으로써, 긴즈버그는 젠더 외의 문제, 특히 인종차별 문제를 다루는 재판에서도 활약했다. 그러나 긴즈버그가 지지하는 평등에 관련된 견고한 보호는 소수 의견으로 격하되곤 했다. 그녀는 젠더에 근거한 구별이 여성에게 하듯 인종에 근거한 구별이 종종 유색인과 소수집단을 종속시킨다고 본다. 자유에 대한 긴즈버그의 시각은 인종이나 젠더를 무시하지 않되 분류, 고정관념 혹은 차별이 주류에서 벗어난 집단이 사회에 온전히 참여하는 것을 막지 않도록 적극적인 조치를 취하는 것이다.

말미에는 시민권 재판에서 긴즈버그가 제출한 소수 의견 4건과 다수 의견 1건을 실었다. '애더런드 건설사 대 페냐' 재판과 '리치 대 디스테파노' 재판에서 긴즈버그는 소수 의견을 통해 평등 보호 조항과 민권법이 평등권을 보호하듯 인종차별을 금지할 것을 주장한다. '셸비 카운티 대 홀더' 재판에서 그녀는 흑인 투표자의 선거권을 보호한 1965년 선거법권을 무시한 대법원의 결정은 민주주의의 약속을 위협한다고 주장한다. 그녀가 소외 계층에 깊은 관심을 갖고 있음을 보여주는 '옴스테드 대 L. C.' 재판에서는 다수 의견을 통해 장애 때문에 공적 생활에 방해를 받아서는 안 된다고 주장한다. '부시 대 고어' 재판에서 긴즈버그는 소수 의견을 통해 플로리다주 대법원의 결정을 기각하기 위해 평등 보호 조항을 적용하려는 그릇된 시도를 비난한다.

법에 자유를 더 깊이 새겨 넣기 위해 긴즈버그만큼 많은 일을 한 사람은 드물다. 그녀는 합법적인 인종 분리를 종식하기 위해 법으로 전략을 세웠고, 이 점에서 러시모어산에 모습을 남긴 서굿 마셜과 어깨를 나란히 하는 미국의 법조인이다. 긴즈버그는 법을 통한 여성해방운동에 앞장서는 업적을 남겼다. 그녀는 법정에서 승리를 거두거나 반대 의견을 제기하면서 여성과 모든 시민을 평등권에 기초해 보호하는 헌법의 진정한 비전을 제시했다. 다음 내용은 대중적인 아이콘이자 헌법 자유 수호에 앞장선 법조인, 긴즈버그에 대한 증언이다.

코리 브렛슈나이더

본문에 관하여

    다음에 실린 긴즈버그의 모든 글은 그녀가 변호사이자 법학자로서 쓴 글에서 발췌한 것이다. 모든 인용은 표시 없이 실었다. 철자와 구두점은 원래대로다. 궁금하다면 원본 자료 부분에서 인용 자료에 관련된 정보를 찾을 수 있다. 발췌문 모두가 원본의 첫 문장부터 시작하지는 않는다.

    여기 실은 법률 문건은 긴즈버그가 법학과 교수로서, 그리고 ACLU에서 변호사로 일하면서 다른 변호사들과 함께 작성해 대법원에 제출한 것이다. 1·2·3부 서두에 실은 인용문은 상원에서 열린 긴즈버그 대법원 대법관 인준 청문회 기록에서 발췌한 것이다. 긴즈버그가 쓴 대법원 의견은 '다수 의견'으로 분류했다. 긴즈버그가 대법원 다수 의견에 반대표를 던진 사건의 글은 '소수 의견'으로 분류했다. 긴즈버그가 다수 결정에 동의했지만 자신이 표를 던진 이유를 강조하고자 한 사건은 '동의 의견'으로 표기했다.

사실 저는 죽기 전에 고등법원 판사석에서 여성을 셋, 넷, 혹은 그 이상 보고 싶습니다. 같은 모습을 한 여성이 아니라, 피부색이 다른 여성 말입니다. 그렇습니다. 앞으로 갈 길이 멉니다. 하지만 토머스 제퍼슨 대통령이 국무부 장관에게 "여성을 공직에 임명하는 것은 대중이 받아들이기엔 시기상조입니다. 나도 마찬가지고"라고 말한 시절로부터 매우 오랜 시간이 지났습니다.

루스 베이더 긴즈버그,
1993년 7월 20일 상원 인준 청문회

제1부

성평등과
여성의 권리

리드 대 리드(1971)
항소인 의견서

———————— 1971년, 럿거스 로스쿨 교수로 일하던 루스 베이더 긴즈버그는 판사는 아니었지만 1971년 판결이 난 리드 대 리드 사건의 항소인 개요를 ACLU 변호사들과 함께 작성했다. 샐리 리드는 아들이 사망한 뒤, 전남편 세실과 아들의 재산 집행인 자리를 놓고 다투었다. 리드 부부가 사는 아이다호주 법은 '여성보다 남성을 우선해야 하므로' 세실에게 집행인 자격을 주었다. 긴즈버그는 샐리 리드가 행사할 수 있는 집행인 권리를 확인할 뿐 아니라 임의로 여성보다 남성에게 우선권을 부여하는 법이 수정헌법 14조의 평등 보호 조항을 위반했다는 사실을 증명하기 위해 이 재판에 관심을 가졌다. 다음 개요에서 긴즈버그는 아이다호주 법이 위헌임을 강력히 주장한다.

… 이 사건에서 쟁점은 항소인의 주장처럼 '동등한 자격을 지닌' 남성이 지원할 때마다 여성이 재산 집행인 자격을 박탈당하는 것이 미국 수정헌법 14조에서 금지한 임의적이고 불평등한 처우인지 여부다. …

최근 미국에서 여성 지위에 대한 새로운 인식이 퍼졌다. 법원과 국회에서는 남녀 페미니스트의 활약에 힘입어 삶과 자유, 평등한 법의 보호를 보장받는 '사람'의 자격을 여성에게도 온전히 부여하라는 주장을 인정했다. 하지만 사회적, 문화적, 법적인 성차별이 뿌리 깊은 상황에서 여성이 평등한 기회를 얻는 것은 아직 어려운 일이다. 남녀를 법적으로 평등하게 처우하는 데 필요한 헌법적 기반이 확고하지 않은 만큼 능력으로 판단받고자 하는 여성은 앞으로도 법적 장애물과 마주하게 될 것이다. …

미국이 인종차별을 근절하기 위해 노력한 결과 법률적, 사법적 해결책을 마련했지만 수백 년간 편견으로 형성된 사회적, 문화적 제도는 쉽게 무너지지 않는다는 것을 알게 됐다. 따라서… 성별이 의심스러운 분류임을 본 대법원이 인정했음에도 성차별은 사라지지 않을 것이다. 하지만 이러한 인정도 하지 않는다면, 성차별을 근절하고자 하는 노력은 남녀에 대한 차별 대우를 결코 허용하지 않는 현재 이후까지 계속될 것이다.

──────── 이 개요문을 작성할 때 긴즈버그는 대법원이 평등 보호 조항을 이용해 성차별적 법을 철폐한 판례가 없었다는 사실 때문에 어려움을 겪었다. 수정헌법 14조 작성자들은 성차별에 주목하지 않았다. 긴즈버그는 성차별도 어느 정도는 인종차별과 같으며 둘 다 임의의 불평등한 처우임을 증명해야 했다. 당시 이런 견해에는 이견이 있었다. 많은 사람이 남녀는 생물학적으로 다르며 법에 그런 사실을 반영해야 한다고 여겼다. 긴즈버그는 성별이 법 아래 사람들을 다르게 처우해야 하는 타당한 이유가 아니라 '의심스러운 분류'가 되어야 한다고 주장한다. 이는 기념비적인 출발이었다.

지난 5~6년 동안 헌법 연구는 비로소 성차별에 초점을 맞추어 이루어졌다. 사회 전체의 태도가 변화되면서 '의심스러운 분류'라는 원칙에 깔린 전제를 좀 더 깊이 살피게 된다. 입법에서 능력이나 필요에 따라 개인을 구분할 수 있다 해도, 개인이 통제할 수 없으며 선천적이고 변경 불가능한 생물학적 특징을 근거로 차별할 수는 없다. 따라서 인종만 '의심스러운 분류' 원칙에 포함되는 것이 아니라 성별도 포함된다. …

　… 사회가 발전하면서 인종 구별은 더 이상 허용되지 않는다. 과거에는 인종의 열등성을 사회적으로 인정했지만, 이제는 인종이 능력이나 성과와 무관함을 인식하게 됐다. 합리적이라고 주장하는 인종 분류도 지금은 대체로 거부당한다. 편견 이외의 요소에 근거한 구별임을 증명하기가 매우 어렵기 때문이다.

　대중도 성의 구별에 비슷한 변화를 겪는다는 징후가 있다. 한때는 정상적이고 적절하며 '사물의 본질'에 따른 것으로 간주되던 성차별은 인종적 우월성이라는 이름으로 자행된 차별과 마찬가지로 무시당할 것이다. 성별의 차이와 무관하게 사법적 판단은 여성의 능력과 분별력에 대한 근거 없는 편견에 따라 이루어지는 경우가 많았다. 이처럼 '차이'라는 말로 개인이 입은 손해를 감안하면, 인종과 마찬가지로 성별의 차이도 반드시 증명해야 한다. 수정헌법 14조의 역할 중 하나는 미국의 기본법에 더 큰 관심을 갖도록 하는 것이다. …

　생물학적 차이가 사회 활동과 무관하다면, 성차별은 현재의 공정하고 평등한 처우 개념과 맞지 않는다. 사회적, 경제적 조건이나 법적, 정치적 이론에 얽매이지 않는 과거의 법원은 성별에 대해 정부 당국이 그어놓은 선에 매우 회의적인 태도를 견지해왔다. 강력하고 타당한 이유가 없다면, 이러한 성별 구분은 위헌으로 판명되었다. …

의심스러운 분류에는 늘 열등하다는 낙인과 거기 관련된 2급 시민권이 따라다닌다. 흑인, 외국인, 빈민과 마찬가지로 여성은 법적, 사회적으로 큰 장애물에 부딪혀왔다. 흑인과 마찬가지로 여성은 오랫동안 투표권을 얻지 못했고, 최근까지 여러 주에서 배심원으로 봉사할 권리도 얻지 못했다. 또 여성은 고용과 교육 기회를 얻지 못하거나 차별받았다. 특히 기혼 여성은 재산 및 독립 사업 소유에 관한 다양한 법과 계약을 할 권리를 빼앗겼다.

여성이 정치, 사업, 경제 분야에 온전히 참여하지 못하도록 하는 법에는 종종 '보호'나 '혜택'이라는 설명이 딸려 있었다. 인종적, 민족적 소수집단에 그런 법을 적용한다면 부당하고 허용해서는 안 되는 일로 간주될 것이다. 여성을 특별대우하는 것 같지만, 자세히 보면 자유를 빼앗는 새장인 경우가 매우 많다. 우리는 성별 분류가 채용 같은 근본적인 이해관계에 관련해 이루어지는 경우, 의심스러운 것이라고 볼 수 있다.

──────── 성별 분류가 의심스러운 분류임을 증명하기 위해, 긴즈버그는 생물학적 차이가 불평등한 처우를 정당화하지 못한다는 데서 더 나아가 두 번째 주장을 펼칠 필요가 있었다. 또 평등 보호 조항의 대상이 되었던 흑인과 마찬가지로, 여성이 진정한 차별에 직면했음을 증명해야 했다. 다음 글에서 긴즈버그는 성별 분류법에 비추어 이루어진 전형적 설명을 공격함으로써 이를 증명한다.

'의심스러운' 분류의 특징은 본 대법원이 명쾌하게 정의한 바 없지만… 지배 문화가 사회적, 법적, 경제적, 정치적으로 불리한 처우를 정당화하는 열등성으로 보는 변경 불가능한 특질로 여러 재판에서 기술한 바 있다. 물론 가장 전형적인 의심스러운 분류는 인종에 근거한 것이지만, 본 대법원은 '2개 계급 이론'이 인종에만 국한된 것은 아니라는 사실을 분명히 했다. …

미국 여성은 역사적으로 열등한 계급으로 낙인찍혔으며 현재 사회에 만연한 차별의 대상이다. 여성은 의심스러운 분류 원칙을 통해 평등한 처우를 받아온 다른 집단처럼 법적, 사회적 차별을 없앨 정치적 힘이 부족하다. …

모든 여성이 해명할 권리를 거부당하거나 유산을 집행할

능력이 없는 것이 아니라는 사실이 이 법령에 부당한 차별이 포함되었다는 것을 증명한다. 여성은 다른 여성을 상대로는 평등한 조건 아래 경쟁할 수 있다. 남성이 반대하지 않을 때, 여성이 임명될 것이다. 이처럼 '평등한 자격'을 갖춘 여성이 남성에게 법적으로 종속되는 장치를 통해, 정치권력을 행사하는 남성이 지배하는 사회는 여성을 제2의 성으로 규정해왔다. …

———— 이 재판에서 긴즈버그가 이상적으로 여긴 결과는 대법원이 성별 분류를 '의심스러운 분류'로 취급해 여성을 남성보다 못한 존재로 간주하는 여러 법률을 철폐할 근거를 확립하는 것이었다. 그러나 ACLU는 이상만 추구할 수 없었고 재판에서 이겨야 했다. 따라서 그녀는 대법원에서 좀 더 구체적인 주장이 이루어지도록 했다. 모든 성차별 사례가 의심스러운 것이 아니라 하더라도, 여성을 남성보다 열등한 존재로 취급하는 비합리적 사례는 평등 보호 조항을 침해한 것이라는 주장이다.

… 부분적으로는 이 결정 때문에 여성은 여전히 법적으로 불리한 대우를 받고 있다. 온전한 인간으로서 법적 인정을 받길 원하는 여성을 위해, 본 대법원은 남성을 선호하는 법

령이 합리적이라는 가정에 반박해야 한다. 이러한 성차별적 분류가 불합리하다는 사실을 증명하기 위해 법령을 공격할 것이 아니라, 해당 법령을 지지하는 자에게 합리성을 증명하라고 요구해야 한다. …

'자연이 남녀의 차별적 분류가 정당함을 확인했다'는 아이다호주 대법원은 여성이 정신적으로 남성보다 열등하다고 가정하는 것이 '합리적'이라고 여김으로써 차별을 정당화했다. '남성이 여성보다 유산 집행인으로 더 적합하다'고 판단한 본 법원의 신속한 규탄을 요구한다. …

'남성이 여성보다 유산 집행인으로 더 적합하다'는 사법적 판단은 도저히 변호할 수 없다. … 더욱이 아이다호주 대법원이 '남성에게 더 적합하다'고 보는 유산 집행인의 구체적 기능은 밝히지 않았지만, 기본적 책임이 무엇인지 알 수 있다. 채무자들에게 돈을 받고, 부채를 지불하며, 주 세금과 연방 세금을 지불하고, 유산을 유지하며, 마지막으로 그 유산을 합법적 상속자에게 상속하는 것이다. 백만장자가 유언장 없이 사망하는 경우를 제외하면, 이 책임을 다하는 것은 어렵지 않은 일이다. 그것은 중·고등학교 교육을 마친 사람이라면 대부분 만족스럽게 처리할 수 있다. …

끝으로 앞에서 설명했듯, 아이다호주는 유산의 신속한

처리와 소송 축소를 지향해야 한다는 섹션 15-314를 판결의 근거로 내세웠지만 이 경우는 해당되지 않는다. 이 남성 선호 체제가 적용되는 경우는 상대적으로 적다. 동등한 자격을 갖춘 한 명 이상의 지원자가 존재하는 대부분의 경우 심리를 열어야 한다. 아이다호주는 '이해관계가 있는 모든 사람'이 집행인으로 선정될 수 있다고 규정하기 때문이다.

여성이 남성보다 집행인 역할을 수행할 능력이 부족하다고 가정할 근거가 전혀 없는데도 남성과 동등한 자격을 갖춘 여성을 배제하는 것은 불합리하며 헌법에 위배된다. 평등한 대우를 받을 여성의 권리가 편의에 따라 희생되어서는 안 된다.

──────── 결국 긴즈버그의 구체적인 주장이 승리를 이끌어냈다. 대법원은 리드 대 리드 재판에서 여성보다 남성을 선호하는 아이다호주 법이 '수정헌법 14조 평등 보호 조항이 금지한 종류의 임의적 입법 결정'에 해당된다고 만장일치로 판결했다. 모든 성차별이 임의적이라고 말하지는 않았지만, 대법원의 판결은 긴즈버그가 수정헌법 14조를 통해 여성을 보호하기 위해 더욱 단호한 입장을 견지할 수 있도록 했다.

크레이그 대 보런(1976)
ACLU 법정 조언자 의견서

　　　　　　　　　루스 베이더 긴즈버그는 여권 수호자로 유명하다. 그러나 여성의 권리를 확대하기 위해 남다른 길을 걸어야 했던 적도 있다. 다음 자료에서 긴즈버그는 여성에게 이익이 되는 것처럼 보이는 법을 공격하는 길을 선택했다. 1976년, 당시 ACLU의 여권 프로젝트 위원장이던 긴즈버그는 크레이그 대 보런 사건의 법정 조언자 자료를 공동으로 작성했다. 이 법정 조언자 자료―소송에 직접 관련되지 않은 단체나 개인이 법원에 제출하는 법적 문서―에서 긴즈버그는 여성이 남성보다 어린 나이에 저알코올 맥주를 살 수 있도록 허용하는 오클라호마 주 법에 반대한다. 이 자료를 꼼꼼히 살피지 않으면 긴즈버그가 남성 차별도 여성 차별만큼 심각하거나 만연하다고 여기는 것처럼 느껴질 수 있다. 그러나 좀 더 자세히 살펴보면 긴즈버그의 시각은 훨씬 더 미묘한 뉘앙스를 지니고 있으며, 여성을 위한 진정한 평등, 만인의 평등에 초점을 맞추고 있음을 알 수 있다. 긴즈버그가 젠더에 따라 차이를 두는 법을 면밀히 살핀 덕에 '리드 대 리드' 재판에서 승소할 수 있었다. 그리고 혜택처럼 보이는 경우라 하더라도 법에 편견이 작용할 때는 여성에게 해로울 수 있다는 사실에 관심을 집중시켰다. 긴즈버그 자료의 개요는 다음과 같다.

주장 요약

I

… 도수가 3.2도 이하인 맥주를 구매할 자격을 결정하는 데 성별/연령에 차별을 두는 것은 수정헌법 14조 평등보호 조항에 반한 차별, 즉 젠더에 근거한 차별에 해당한다. 이 법은 '여자는 (혹은 남자는) 이렇다'는 일반론에 따라 18~20세 남성과 18~20세 여성을 각각 다른 칸에 분류한다. 이 법을 지킴으로써 법원은 남녀의 음주 행동, 성향, 기호에 관련해 지나치게 광범위한 일반화에 의존했다. 젠더에 따른 차별에 대한 설명으로서 이런 지나친 일반화는 헌법에 따라 용인될 수 없다. …

표면적으로 오클라호마주에서 성별/연령에 따라 3.2도

이하 맥주 구매 기준을 정한 것은 젊은 여성에게 나이가 같은 남성에게는 허용하지 않는 자유를 준 듯 보일 수 있다. 그러나 좀 더 살펴보면 오클라호마주의 성별 구분은 전통적으로 남녀 행동을 바라보는 시각을 드러낸 데 불과하다. 이는 남성이 사회에 적극적으로 참여하는 일원이고, 여성은 남성의 조용한 동반자로 보는 관점을 강조하는 숱한 신호와 메시지라 할 수 있다.

II

… 특정 민족이나 사회 계급의 음주 선호도나 성향을 미리 짐작해 그 집단 혹은 계급에 대한 음료 판매와 서비스를 금지한다면 부당하고 무의미한 법으로 인식될 것이다. 이와 마찬가지로 성별에 근거한 분류도 공중의 이익을 지키는 합리적 규정과는 거리가 멀다고 판단해야 한다. …

III

문제의 법은 성별에 따른 분류가 '어떤 분야든 가능'하던 과거의 괴상하고 모순적인 잔재다.

────── 긴즈버그는 이 같은 주장을 펼친 뒤, 남녀 구분이

대법원의 선례와 맞지 않는다는 사실을 깊이 있게 살핀다. '리드 대 리드' 재판 이후, 대법원 법관들은 여성에 대한 단순한 고정관념이나 가정이 법률에 타당하거나 설득력 있는 근거를 제공하지 못한다고 여기게 되었다. 다음 글에서 긴즈버그는 남성에 대한 고정관념을 다루는 것처럼 보이는 재판에서도 성별의 구분이 작용하는 경우라면 대법원은 일관적으로 법을 적용해야 한다고 주장한다.

I

A

'리드 대 리드'(1971) 재판 이후, 본 대법원은 남녀의 행동, 성향, 선호에 관련해 지나치게 광범위한 일반화에 근거한 성별 분류를 헌법이 용인할 수 없다고 밝혀왔다. 다음 결정은 그처럼 지나치게 광범위한 일반화에 기초한 것이다. 그와 같은 결정과 그 결정이 함의하는 남녀 구분은 본 대법원의 반감을 살 만하다. …

… 간단히 말해 '성별 사이에 확실한 선'을 긋는 법을 규탄하는 본 대법원의 결정에 무슨 의미가 있는지 상고인과 하위 법원은 이해하지 못했다. 근거 없는 고정관념도, 일반화된 데이터도 성별 분류를 정당화할 수 없다. 입법부는 여성

혹은 남성의 특성에 관련된 가정이나 문건상 개념에 근거해 남성과 여성을 특정 기준으로 분류할 수 없다.

본 대법원이 리드 재판 이후 여성 혹은 남성에 대한 고정 관념을 근거로 성별을 분류하는 것을 지지한 경우는 여성이 과거와 현재 겪는 경제적 불이익을 배상하는 법뿐이었다. 하지만 오클라호마주의 조치는 현재 여성이 해당 법에 따라 이익을 얻고 불이익을 당하지 않는다는 이유로 합리화할 수 없다. '보상적' 혹은 '수정적' 성별 분류라는 개념에 사회의 이중 잣대를 겪거나 구직 시 비호의적인 고용주를 마주할 젊은 여성에게 3.2도 이하 맥주가 제공하는 기쁨은 포함되지 않기 때문이다. …

──────── 긴즈버그는 단순히 '저알코올 맥주' 재판에서 승소하는 데 만족하지 않았다. 젠더 고정관념이 보호해주는 것처럼 보이는 경우에도 여성에게 해가 된다는 사실을 강조해 법을 발전시켜나갈 생각이었다. 긴즈버그는 여성을 받들면서도 기회를 제한하는 성차별적 구별을 헌법이 불허한다고 다음과 같이 주장한다.

본 재판에 허용 불가능한 성별/연령 차별만 있는 것이 아니다. 여기에는 여성과 주류—수 세대에 걸쳐 법 집행관의 마음을 사로잡은 조합—에 대한 이야기도 있다. 문제의 법은 여성과 알코올이 이런 조건 아래 조합되어도 된다고 결정한 입법부가 어떤 성향을 지니고 있는지 괴상한 반전과 함께 보여준다. 그러나 최근 오클라호마주 외 지역에서는 이런 법을 역사의 쓰레기장에 폐기했다. 항소법원은 이 분야의 사법 판결문에 대해 '이런 전례가 지니던 권위는… 태도 변화와 함께 사라졌다. 기사도는 이제 빅토리아 시대에나 어울리는 남성의 생색 혹은 여성 혐오로 보이고, 이런 문화적 변화가 현재 헌법에 반영된다' 라고 했다. …

어떠한 입법 역사도 입법자의 의도에 관한 하위 법원의 추측에 영향을 미치지 못했다는 사실이 중요하다. 성별 구분에 대한 문제에서 한때는 받아들여진 것이라 하더라도, 적절한 근거에 그치는 것을 가설로 세우고자 할 때 면밀한 검토가 반드시 필요하다. 더욱이 성별에 근거한 분류가 '타당하고 작위적이지 않아야 하며 입법의 목적과 공정하고 중대한 차이를 근거로 삼아야 한다…'는 헌법의 요구를 조금이라도 만족시키는 입법 의도는 단 하나도 개진되지 않았다. 젠더는 종교나 민족과 마찬가지로, 그것을 근거로 주류법이나 교통안전법의 기준을 정할 수 없기 때문이다. … 3인

판사 법정이 젠더 구별을 용인할 수 있는 것으로 받아들이는 태도는 본 대법원에 의해 즉각 수정되어야 한다.

D

오클라호마주의 성별/연령에 따른 3.2도 이하 맥주 구입 자격은 한눈에 보기에도 터무니없는 구별이다. 본 법정에서 다루어지는 다른 문제에 비하면 이러한 구별은 우스꽝스러울 정도다. 하지만 오클라호마주의 입법 조치를 수정하지 않으면, 그것을 지지하는 지나친 일반화가 젠더에 근거한 범주를 일반화하기에 적당한 증거로 작용한다면, 본 대법원은 젠더에 따른 선을 긋는 데 '무엇이든 허용되던' 시절로 시계를 되돌리는 셈이 될 것이다. 젠더 구별을 옹호하는 자는 누구나 '구시대적 관념'에 의존하지 않으면서 '사실을 보여주기' 위해 통계를 언급할 수 있기 때문이다. 그러나 본 대법원의 최근 판례는 '성별 때문에 특정 장애를 부여'하지 못하도록 방벽 역할을 해야 한다. …

오클라호마주의 저알코올 맥주 구입 자격 관련 법은 젊은 남성에게 주지 않은 자유를 젊은 여성에게 부여한 것처럼 보인다. 그러나 좀 더 자세히 살펴보면 차별은 우리 사회 남녀의 행동과 역할에 관한 전통적 편견의 또 다른 발현일

뿐이며, 남성은 사회에 적극적으로 참여하는 일원으로, 여성은 남성의 조용한 동반자이자 '타자' 혹은 제2의 성이라는 관념을 강조하는 숱한 신호와 메시지 중 하나다.

이러한 법은 남녀가 잠재력을 온전히 발휘하는 데 장벽을 세워 성차별 없는 평등을 방해할 뿐이다. 여성의 행동과 남성과의 관계에 대한 전통적 관념에 힘을 실어줌으로써 여성에게 손해를 끼치는 법은 법 아래 평등한 정의를 위해 200년간 헌신해온 미국에 걸맞지 않다.

─────── 긴즈버그의 주장은 이번에도 승리했다. 대법원은 7 대 2로 오클라호마주 법이 잘못된 통계에 근거했으며 젠더 고정관념에서 벗어나지 못했다고 판결했다. 중요한 것은 이 판결이 젠더에 입각한 구분을 재검토해야 한다는 긴즈버그의 견해에 대법원이 더 가까이 다가가고 있음을 보여준다는 점이다. 젠더 구분을 가장 낮은 '비율 근거' 기준으로 평가하는 대신, 대법원은 남녀를 구별하는 선을 긋는 법이 적절한 해명을 하도록 새로운 기준—보통 중간 심사 기준이라고 부름—을 이용하게 됐다. 긴즈버그가 당시 주장한 '가장 엄격한 심사 기준'을 적용하지는 않았지만, 대법원은 리드 재판에서 긴즈버그가 요구했듯 성별을 '의심스러운 분류'라고 간주하는 쪽으로 진일보했다.

미국 대 버지니아주(1996)
다수 의견

─────── 긴즈버그 대법관은 심한 성차별이 이루어져 대법원에서 평등 보호 조항이 여성에게도 적용된다고 인정해야 하는 사례를 찾아 소송을 시작했다. 대법원 법관으로서 그녀가 승소한 초기 재판은 여성이 더 광범위한 보호를 받도록 하는 데 주춧돌이 되었다. '미국 대 버지니아주' 재판은 이 분야에서 긴즈버그가 세운 큰 공적 중 하나다. 버지니아주는 남성 리더십 학교인 버지니아 사관학교를 운영했다. 미국 정부는 여성에게도 사관학교의 문을 열어야 한다는 내용으로 소송했다. 대법원 법관으로서 긴즈버그는 다수 의견을 작성하면서 고소인으로서 옹호했던 몇 가지 사항을 확고히 밝혔다. 즉 젠더 분류는 평등 보호 조항 아래 '보다 강화된 심사'를 거쳐야 한다는 것이다. 성차별적인 법은 단순히 타당한 해명만으로 유지될 수 없다. 버지

니아주는 남성 전용 시설에 대해 헌법이 요구하는 '폭넓은 해명'을 제공하지 못하므로, 버지니아 사관학교는 여성을 제외할 수 없다.

1839년 설립된 버지니아 사관학교는 버지니아주의 15개 공립 고등교육 기관 중 하나뿐인 남학교다. 버지니아 사관학교의 목표는 군 복무 시는 물론 민간인으로 생활할 때도 리더십을 발휘하는 남성, 즉 '시민 군인'을 양성하는 것이다. 버지니아 사관학교는 버지니아주 어디에서도 받을 수 없는 폭넓은 트레이닝을 통해 이 목표를 추구한다. 인성 계발을 최우선으로 하는 버지니아 사관학교는 영국 사립학교를 모델로 하며 한때 군사 교육의 특징이었던 '군대식 교육법'을 적용한다. 이 학교의 졸업생은 압력과 스트레스에 대처하는 능력을 키우고 위험한 과정을 완수한 데 큰 성취감을 느낀다. …

시민 군인을 양성한다는 목표도, 이 학교가 실시하는 방법론도 여성에게 본질적으로 부적당하다고 할 수 없다. 그리고 이 학교가 지도자를 양성해온 과거를 보면, 여성을 입학시키는 것이 바람직하다. 그럼에도 버지니아주는 이 학교의 커리큘럼이 제공하는 특권과 기회를 남성에게만 부여하기로 했다.

1990년, 여자 고등학생이 버지니아 사관학교 입학 허가를 구하면서 법무부 장관에게 항의했다. 이에 미국 정부는 남성만 입학할 수 있도록 하는 정책이 수정헌법 14조 평등 보호 조항을 어긴 것이라는 주장으로 버지니아주와 버지니아 사관학교를 고소했다. …

그러나 지방법원은 버지니아 사관학교의 손을 들어주었고 미국의 평등 보호 이의 제기를 거부했다. … 이에 본 대법원은 성별에 근거해 주 정부 조치를 유지하려는 당사자는 성별 분류에 대해 '매우 설득력 있는 해명'을 해야 한다고 강조한 바 있다. …

제4 순회항소법원은 동의하지 않고 지방법원의 판결을 삭제했다. 항소법원은 '버지니아주는… 버지니아 사관학교의 독특한 프로그램을 여성이 아닌 남성에게만 제공하기로 한 결정을 다양성의 측면에서 해명하는 주 정책을 제출하지 않았다'라고 주장했다.

… 이 사건을 방면하면서 항소법원은 버지니아주에 개선책을 선택할 것을 요구했다. 법정은 버지니아주에 다음 같은 선택지를 제안했다. 여성을 입학시킨다. 동일한 기관이나 프로그램을 설립한다. 혹은 주 지원을 중지하고 버지니

아 사관학교가 사립 기관으로서 정책을 추구하게 한다.

제4 순회항소법원 판결에 대한 응답으로 버지니아주는 동일한 여성 프로그램인 버지니아 여성 리더십 학교를 설립할 것을 제안했다. 이 4년제 주립 대학교 프로그램은 사립 여자 대학교인 메리 볼드윈 칼리지에서 운영할 것이며 처음에는 25~30명을 입학시킬 것이다. 버지니아 여성 리더십 학교는 버지니아 사관학교와 같은 목표—'시민 군인' 양성—를 추구한다 해도 학사 과정, 교육 방식, 재정 지원 등에서 차이가 있을 것이다. …

버지니아주는 지방법원에 개선책의 승인을 요청했고 법원은 그 계획이 평등 보호 조항의 요건에 일치한다고 판단했다. …

항소법원도 지방법원의 판단을 확인했다. …

… '메리 볼드윈 칼리지에서 남성을, 버지니아 사관학교에서 여성을' 제외하는 것은 버지니아주의 목표를 이루는 데 반드시 필요했다고 법정은 판단했다. 여성 혹은 남성을 제외하지 않으면 '단일 젠더 교육을 제공하는 목적을 달성할' 수 없기 때문이다.

… 법정은… '실질적 동일성'이라는 결정적인 테스트를 추가했다. 핵심 질문은 버지니아 사관학교 남학생과 버지니

아 여성 리더십 학교 여학생이 '그들의 학교에서 혹은 주에서 제공하는 여타 수단을 통해 실질적으로 동일한 혜택'을 받을지 여부였다. 항소법원은 버지니아 여성 리더십 학교에서 부여하는 학위에는 버지니아 사관학교 학위의 '역사적 혜택과 특권이 없다'고 인정했다. 하지만 그럼에도 두 학교가 제공하는 교육 기회는 '동일하다'고 판단했다. …

　본 재판의 신청서는 두 가지 문제를 제시한다. 첫째, 버지니아주가 여성에게 버지니아 사관학교가 제공하는 교육 기회 ─ 군사훈련과 민간인 리더십 개발이라는 특별한 기회 ─ 를 박탈한 것이 '버지니아 사관학교 학생에게 요구되는 모든 개별 활동이 가능한' 여성에게 수정헌법 14조가 보장하는 법의 평등한 보호를 적용하지 않은 것인가? 둘째, 버지니아 사관학교의 '독특한' 상황 ─ 버지니아주 유일의 고등 공립 남학교로서 ─ 이 헌법의 평등 보호 원칙을 위반한다면, 이를 수정하기 위한 요건은 무엇인가? …

　오늘날 성별에 근거해 권리나 기회를 박탈하는 공적 행위의 회의적 검토는 유구한 역사를 지닌다. 본 대법원이 한 세대 전 인정했듯 '미국은 길고 불운한 성차별의 역사를 지녔다.' 130년이 넘는 역사를 통해 여성은 '국민'을 구성하는 유권자로 간주되지 않았다. 1920년까지 여성은 헌법이 정한 선거권을 행사하지 못했다. 이후 50년 동안 차별이 '합리성에 근거'한 것으로 간주되는 한, 연방 정부와 주 정부 모두 여성에게서 남성이 누리는 권리를 박탈할 수 있었다. …

1971년, 미국 역사상 최초로 본 대법원은 주 정부가 법으로 평등하게 보호해주지 않는다고 고발한 여성의 손을 들어주었다. '리드 대 리드' 재판 이후, 대법원은 법이나 공식 정책이 단순히 여성이라는 이유로 온전한 시민의 권리, 즉 개인의 재능과 능력에 따라 동경하고, 성취하고, 사회에 참여하며 공헌할 평등한 기회를 박탈한다면, 연방 정부나 주 정부 모두 평등 보호 원칙을 준수하지 않은 것이라고 여러 번 인정했다. …

젠더 분류를 인종이나 민족에 근거한 분류와 동일시하지는 않았지만, 리드 재판 이후 대법원은 여성(혹은 남성)을 배제하거나 기회를 차단하는 공식 조치를 면밀히 검토해왔다. 젠더에 근거한 공식적 분류 관련 재판에 대해 대법원이 현재 내리는 지시를 요약하면 다음과 같다. 해결을 구하는 차별 대우나 기회 차단에 초점을 맞추어, 해당 법원은 해명이 '매우 설득력 있는지' 검토해야 한다. 해명의 부담은 크고 전적으로 주 정부의 몫이다. …

남녀 간의 '본질적 차이'는 존중받을 요소지 어느 쪽이든 폄하당하거나 기회를 제한받을 요소가 아니다. 성별 분류는… 과거처럼 여성의 법적, 사회적, 경제적 열등성을 만들어내거나 지속시키는 데 이용해서는 안 된다.

이 사건 기록을 앞에서 설명한 검토 기준에 비추어 보았을 때, 버지니아주는 버지니아 사관학교가 제공하는 시민 군인 양성 교육에 여성을 제외하는 것과 관련해 '매우 설득력 있는 해명'을 내놓지 못했다. 그러므로 우리는 제4 순회항소법원의 최초 판결을 확인하며 버지니아주가 수정헌법 14조의 평등 보호 조항을 위반했다고 판단했다. 버지니아주가 제안한 수정 조치―메리 볼드윈 버지니아 여성 리더십 학교 프로그램―가 헌법 위반 사항을 해결하지 못하므로, 즉 평등한 기회를 제공하지 못하므로 제4 순회항소법원의 최종 판결을 번복한다. …

… 버지니아주는 버지니아 사관학교의 여학생 제외 정책에 대해 두 가지 해명을 제시한다. 첫째, '남학교 교육에 중요한 교육적 혜택이 있으며' 단일 성별 교육은 '다양한 교육법'에 공헌한다. 둘째, '버지니아 사관학교 고유의 인성 계발 방식과 리더십 훈련,' 본 학교의 군대식 접근법은 여학생을 입학시키면 수정해야 한다. 우리는 이 두 가지 해명을 차례로 살펴본다.

남학교 교육이 적어도 몇몇 학생에게 학습 혜택을 주는 것이 사실이라는 데 이의가 없다고 버지니아주는 강조하고 있다. 마찬가지로 공립 교육기관에서 다양성이 공익에 기여할 수 있다는 데도 이견의 여지가 없다. 그러나 버지니아주는 버지니아 사관학교가 여성을 제외함으로써 교육 기회를 다양화하기 위해 설립 혹은 유지되었다는 것을 증명하지 못했다. …

버지니아주는 현재 공립 여성 고등교육 기관이 없는 것을 '역사적으로 이례적인 상황'이라고 설명한다. 그러나 역사적 기록에 따르면 이는 이례적인 것이 아니라 고의적인 것이다. 첫째, 여성을 고등교육에서 배제한다. 둘째, 여학교는 자원과 위상에서 남학교와 동등하지 않다. 끝으로 여학교와 남학교를 공학으로 바꾼다. 본건이 상정되기 전, 주 입법부에서는 '남성이나 여성만 입학시키도록 하는 버지니아주 법'을 모두 폐지했다. 그리고 1990년, '버지니아주 고등교육의 미래 목표를 위해 법에 따라 설립된' 위원회는 '자치와 다양성'을 유지하면서 '폭넓은 기회를 제공하는' 정책을 재확인했다. 특히 해당 위원회는 다음과 같이 보고했다.

대학교는 학생들에게 가치관을 세우고 역할 모델을 통

해 배우는 기회를 제공하므로 성별, 인종, 민족과 관련 없이 교수, 직원, 학생을 대우하는 것이 매우 중요하다.

항소법원은 이것이 '버지니아주가 젠더 구분에 대해 밝힌 의견 중 유일하게 명백한 부분'이라고 말했다. …

이 기록에서 버지니아 사관학교의 남학생 한정 허가 정책이 '다양성 정책을 위한 것'이라는 설득력 있는 증거를 찾지 못했다. … 항소법원이 인정하듯, 교육 목적은 버지니아 사관학교의 역사적이고 지속적인 계획―'남성에게만 독특한 교육 혜택을 제공하는' 계획―에서 찾을 수 없다. 이 계획이 버지니아주 아들들에게 아무리 '자유롭게' 제공된다 하더라도, 딸들에게는 전혀 제공되지 않기 때문에 그것은 평등한 보호가 아니다.

버지니아주는 그 후 버지니아 사관학교의 군대식 훈련 방식을 여학생에게 수정 없이 적용할 수 없다고 주장한다. 여성을 수용하기 위해 필요한 변경은 반드시 '급진적'이어야 하고, 버지니아 사관학교의 프로그램을 '파괴'할 정도로 '심각한' 변화가 될 것이라고 버지니아주는 단언한다. …

… 여학생 입학을 허용하면 기숙사 배정과 여학생을 위한 신체 단련 프로그램을 도입할 필요가 있다. 그러나 '버지

니아 사관학교의 교육 방식을 여성 교육에 이용할 수 있다'는 것 역시 이견의 여지가 없다. 지방법원은 여자 대학교가 추구하는 방식을 선호하는 여성도 있다고 주장했는데… 전문가 증언에 따르면 '버지니아 사관학교 학생에게 요구되는 모든 개별 활동을 수행할 수 있는 여성도 있다.' 더욱이 양측은 '버지니아 사관학교가 현재 남성에게 적용한 신체 기준에 부합하는 여성도 있다'는 데 동의한다. 종합해보면 항소법원이 말했듯 버지니아 사관학교의 존재 이유인 '시민 군인 양성이라는 목표도, 버지니아 사관학교가 채택한 방법도 본질적으로 여성에게 부적합한 것은 아니다.'

지방법원은 버지니아주의 최초 판결, 미국이 제시한 평등 보호를 거부하는 판결을 지지하며 '젠더에 따른 발전의 차이'에 관한 '사실'을 발견했다. 이 '사실'은 버지니아주의 전문가 증인 의견, 전형적인 남성 혹은 여성의 '성향'에 관한 의견을 되풀이한다. …

미국은 남녀의 평균적 능력이나 선호도에 대한 전문가 증인의 예측을 반박하지 않는다. 대신, 미국은 '리드 대 리드' 재판 시 본 대법원의 결정적 판결 이후 여러 차례, 버지니아주가 강요하는 것과 같은 종류의 일반화나 '성향'을 '자세히 살피라'고 상위 법원에 권고해왔다. 기회의 문을 통제하는 주 정부 담당자들은 '남녀의 역할과 능력에 관한 고정관념'에 따라 자격을 갖춘 개인을 제외해서는 안 된다. …

… 물론 교육이 누구에게나 잘 맞는 것은 아니다. 그러나 쟁점은 '여성―혹은 남성―이 버지니아 사관학교 입학을 강요받아야 하느냐' 여부가 아니다. 오히려 문제는 주 정부가 의지와 능력이 있는 여성에게 버지니아 사관학교가 제공하는 고유한 훈련과 입학 기회를 주지 않는 것이 합헌이냐 여부다.

여성 입학 허가가 버지니아 사관학교의 위상을 낮추고 군대식 체제와 학교 시스템을 파괴한다는 생각은 입증되지 않은 판단이며, 과거 권리나 기회를 거부하는 데 자주 사용하던 '자기실현적' 예언과 다르지 않다. …

여성이 연방 사관학교에 입학해 미국 군대에 기여한다는 사실은 버지니아 사관학교의 장래에 대한 버지니아주의 염려가 기우일지 모른다는 사실을 시사한다. 자격을 갖춘 여성이 있음에도 '시민 군인' 훈련에 여성을 제외한 이유를 '매우 설득력 있다'고 볼 수 없다. …

버지니아주와 지방법원의 오해는 버지니아 사관학교의 목표에서도 분명히 드러난다. '시민 군인', 즉 '학습을 좋아하고 리더십 있는 태도에 자신을 가지고, 공적 봉사심을 지니며, 미국의 민주주의와 자유경제 체제를 옹호하고… 위기에서 국가를 지킬 준비가 된' 개인을 양성하는 것. 그 목표는 오늘날 미국 민주주의 체제에서 남성과 같은 위상을 가지는 여성을 수용할 만큼 크다. 또 버지니아주의 위대한 목표는 여성을 제외하고, 여성 개인이 지닌 장점을 완전히 무시해서는 더 잘 이룰 수 없다. 결론적으로 버지니아주는 젠더에 따른 분류를 할 때 확고한 근거가 되는 '매우 설득력 있는 해명'을 제공하는 데 크게 미치지 못했다.

소송 2단계에서 버지니아주는 수정 계획을 제시했다. 버지니아 사관학교를 남학교로 유지하고 여학생 프로그램으로 버지니아 여성 리더십 학교를 만드는 것이다. …

수정 결정은 헌법 위반 사항을 매우 적절하게 보완해야 한다. '차별이 없으면 가질 수 있었던' 기회나 혜택을 거부당한 사람들에게 그 자리를 내줄 수 있도록 만들어야 한다. … 이 사건에서 법에 위배되는 것은 남성에게 제공하는 특별 교육 기회를 여성에게 주지 않은 것이다. 이에 대한 적절한 수정책은 '과거의 차별을 최대한 제거하는' 것이고 '미래의 유사한 차별을 금지하는 것'이다.

버지니아주는 버지니아 사관학교의 독점 정책을 유지하기로 했다. 그러나 여성만을 위해 그와는 종류가 다르고 가

시적, 비가시적 시설 면에서도 다른 프로그램을 제안했다. 버지니아주는 버지니아 여성 리더십 학교를 '동등한 프로그램'이라고 설명하고 버지니아 여성 리더십 학교가 버지니아 사관학교처럼 '시민 군인'을 양성하는 목표를 추구한다고 주장했다. …

버지니아 여성 리더십 학교는 여성에게 버지니아 사관학교를 유명하게 만든 엄격한 군사훈련 기회를 제공하지 않는다. … 대신 군사교육을 '덜 강조하고' '자존감을 강화하는 협동적' 교육법을 적용한다. …

버지니아주는 이런 방법론적 차이를 '학습과 발달에서 남녀의 중요한 차이'에 근거해 '교육학적으로 설명'할 수 있다고 주장하며, 남녀 간에 '심리적, 사회학적 차이'가 존재하는 것이 '사실'이며 '고정관념이 아니'라고 한다. …

앞에서 말했듯 '여성이란 어떤 존재인가'에 관련된 일반화는 대부분의 여성에게 적합한 내용을 추산한 것이며 평균을 넘어서는 재능과 능력을 지닌 여성에게 기회를 주지 않는 것을 정당화하지 못한다. …

버지니아주가 제시하는 여성에 관한 일반화와 대조적으로, 우리는 다시 다음과 같은 사실을 확인하는 바다. 버지니아 사관학교가 '실시하는 교육법'은 '본질적으로 여성에게 부적합'하지 않다. '군대식 교육 모델을 통해 좋은 성과를 내는 여성도 있다.' '기회가 있다면 버지니아 사관학교에 입학하고자 하는 여성이 있다.' '버지니아 사관학교 학생에게 요구되는 개별 활동을 모두 수행할 수 있고', '버지니아 사관학교가 현재 남성에게 부과하는 신체적 기준에 부합하는 여성이 있다.' 미국이 이 재판을 시작한 것은 이런 여성을 위해서이며, 주 정부가 제공하는 교육 기회에서 여성이 배제되는 것을 막을 수정책, '장차 유사한 차별을 금지할' 수정안을 만들어야 한다.

군사훈련 외 여러 면에서 버지니아 여성 리더십 학교는 버지니아 사관학교와 동등하지 않다. … 버지니아 여성 리더십 학교의 학생, 교수진, 교육 과정, 시설은 버지니아 사관학교와 다르다. 버지니아 여성 리더십 학교 졸업생은 버지니아 사관학교의 157년 역사와 특권, 영향력 있는 졸업생 인맥과 관련된 혜택을 기대할 수 없다. …

버지니아주는 버지니아 사관학교를 남학교로 유지하면서 '비견할 만한 여학교'를 제공하지 못했다. 대신 버지니아주는 선택과목과 교수진, 예산, 특권, 동창회의 지지 및 영향력 면에서 버지니아 사관학교에 훨씬 못 미치는 여성 리더십 학교 프로그램을 만들었다. …

··· 우리는 여기서 버지니아주가 버지니아 여성 리더십 학교와 버지니아 사관학교가 제공하는 교육 기회가 평등함을 증명하지 못했다고 판결한다. ···

항소법원이 검토한 결과 전례가 요구하는 보다 확실한 기준에 못 미치는 것이라고 앞서 설명했다. ··· 우리의 결정에서 '단일 젠더 교육을 위한 분류 효과가 거의 혹은 전혀 없다'는 검사 결과가 나왔음을 인정해, 항소법원은 '상당한 유사성' 검사를 만들어 그 결과를 확인했다.

제4 순회항소법원은 버지니아주의 버지니아 여성 리더십 학교 계획을 시험하면서 실수를 저질렀다. '오늘날 모든 젠더 분류'에는 '철저한 검토'가 요구되기 때문이다. 버지니아 여성 리더십 학교가 해당 프로그램을 수료하는 학생들에게 유용한 것으로 밝혀졌다 하더라도, 버지니아주의 수정책은 버지니아 사관학교 교육을 원하고 학점을 받을 수 있는 여성에게서 빼앗은 기회와 혜택을 돌려주지 못한다. 결론적으로 버지니아주의 수정책은 헌법에 위반되는 사항을 개선하지 못한다. 버지니아주 정부는 버지니아 사관학교가 제공하는 최고의 훈련을 받을 자격이 있는 여성에게서 기회를 박탈한 데 '매우 설득력 있는 해명'을 내놓지 못했다. ···

버지니아 사관학교 역시 다른 버지니아주 학교가 제공하

지 못하는 교육 기회를 주고 '시민 군인'을 양성하는 데 발휘되는 '우수성'은 어떤 곳과도 같지 않다. 버지니아주는 이 학교에 여학생을 받지 않는 대신 그만한 자격을 갖추지 못하고 보수가 적은 교수진을 고용하고 수업 수, 군사훈련 기회가 적고 학문적 전문성이 떨어지는 '동등한 프로그램'을 만들었다. 의심의 여지없이 버지니아 사관학교는 '객관적 계측은 불가능하지만 학교에서… 훌륭한 학생을 양성하는 자질'을 버지니아 여성 리더십 학교보다 '훨씬 더 많이 보유하고 있다.'… 버지니아 사관학교의 고급 교육을 받고자 하며 거기 부합하는 여성은 평등한 보호를 제공해야 하는 의무에 따라 다른 어떤 것도 대신 받을 수 없다.

역사학자 리처드 모리스에 따르면, 우리 헌법 역사에서 가장 중요한 부분은 과거 무시되거나 배제된 사람들에게 권리와 보호를 부여한 과정이다. 버지니아 사관학교의 역사는 우리가 이해하는 '국민'이 확장되면서 지속되었다. 버지니아 사관학교 학생에게 요구되는 활동을 소화할 수 있는 여성의 입학을 허가하는 것이 '더욱 완벽한 조국'에 봉사할 능력을 향상시키는 것이 아니라, 학교를 파괴하는 것이라고 여길 이유가 없다. …

앞에서 말한 이유로 항소법원의 최초 판결에 동의하는 바이고 항소법원의 최종 판결을 번복해, 본건은 이 의견에 일치하는 후속 조치를 위해 방면한다.

이와 같이 판결한다.

레드베터 대 굳이어타이어(2007)
소수 의견

———— 굳이어타이어의 관리자 릴리 레드베터는 19년간 재직했다. 그녀는 공장에서 두 가지 이유로 유일한 존재였다. 사내에서 그 위치에 오른 유일한 여성이었고, 그 일을 하는 다른 사람들보다 낮은 임금을 오랜 기간 받았다. 자신의 임금이 다른 이들의 임금과 차이가 난다는 사실을 알게 된 레드베터는 민권법 제7편을 들어 고용평등기회위원회EEOC에 임금 차별 고소를 접수했다. 대법원의 새뮤얼 앨리토 대법관은 레드베터가 법에 따라 차별적 임금 결정이 내려진 지 180일 이내에 고소를 접수하지 않았으므로 받아들일 수 없다고 적었다.

긴즈버그 대법관은 이에 반대했다. 의견서에서 긴즈버그는 다수 의견 측에서 최초의 180일 한도를 강조한 것은 법의 진정한 목적, 즉 여성에게 임금 평등을 보장하는 것과 거리가 멀다고 주장한다. 젠더에 근거한 임금 차별은 '별개의' 행위로 분류될 수 없다고 그녀는 말한다. 레드베터는 근무 기간 내내 차별받았고, 여성이라는 이유로 매번 임금 인상률이 낮아져 고소 접수 시점에 그 차이가 평등한 사회에서는 용인할 수 없는 액수가 되었다고 긴즈버그는 주장했다.

임금 차별을 포괄적으로 다룰 수 있도록 수정해야 한다는 긴즈버그의 주장은 대법원에서 받아들여지지 않았다. 그러나 당시 제출한 소수 의견은 패배한 와중에도 세상을 바꾼 사례가 되었다. 바로 2년 뒤, 국회는 릴리 레드베터 공정 임금법을 통과시켜 대법원의 판결을 뒤집고 불평등한 임금은 별개의 차별 행위로 간주해야 한다는 긴즈버그의 견해를 받아들였다.

릴리 레드베터는 1979년부터 1998년 은퇴 시까지 앨라배마주 개즈던의 굿이어타이어에서 관리자로 일했다. 그 기간 중 대부분 그녀는 남성이 맡는 구역 매니저로 일했다. 처음 레드베터의 급료는 비슷한 일을 하는 남성의 급료와 유사했다. 그러나 세월이 지나며 그녀의 급료는 연공이 같거나 낮은 남성 매니저의 급료에 비해 낮아졌다. 1997년 말, 레드베터는 회사에서 유일한 여성 구역 매니저였고 그녀의 임금은 그녀와 직급이 동일한 남성 15명의 임금과 매우 크게 차이 났다. 레드베터는 매달 3,727달러를 받았는데, 임금이 가장 낮은 남성 구역 매니저는 매달 4,286달러를 받았고, 가장 높은 경우 5,236달러를 받았다.

레드베터는 1998년 3월 고용평등기회위원회에 차별 고소를 했다. 정식 고소장에는 제7편을 위반한 굿이어는 성별 때문에 그녀에게 낮은 임금을 지불했다고 적혀 있었다. 이 고소 건에 참여한 배심원단은 '굿이어가 성별 때문에 레드베터에게 불평등한 임금을 지불했을 가능성이 높다'고 판단했다. 이 판단에 따라 지방법원은 레드베터의 체불임금, 배상, 변호사 비용에 대한 심사를 개시했다.

제11 순회항소법원은 판결을 뒤집었다. 법정은 굿이어의 성과 기반 연봉 인상 체계에 따라 레드베터의 주장이 시한을 넘겼다고 판단했다. 제7편은 차별 고소를 '불법 고용 관행이 일어난 지 180일 이내에 제기해야 한다'고 정한다. 레드베터는 180일 이내에 자신이 같은 일을 하는 남성의 임금보다 크게 적은 임금을 받았다는 내용으로 고소했다. 또 그녀는 성과가 아니라 개즈던 공장 여성 매니저에 대한 차별 때문에 임금에 차이가 났음을 뒷받침하는 증거를 제시했다. 그렇지만 제11 순회항소법원은 그 증거를 채택할 수 없다고 판단했고, 오늘날 대법원도 이에 동의한다. 레드베터가 굿이어에서 자신의 연봉을 남성 동료의 연봉에 맞추어 인상하지 않았을 때마다, 즉 매년 고소를 제기하지 않았기 때문이다. …

대법원이 즉각적인 고소를 주장하는 것은 임금 차별의 특징을 간과했기 때문이다. 레드베터의 경우와 마찬가지로 임금 격차는 시간을 두고 이루어지곤 한다. 세월이 흐른 뒤에야 차별받고 있는 건 아닌지 의심하게 된다. 더욱이 타인의 연봉 정보는 피고용인이 알 수 없는 경우가 많다. 고용주는 직원들의 임금 차이를 감출 수 있다. 또 처음에는 액수 차이가 작아 연방 법원에 고소를 제기할 만큼 심각한 게 아니라고 여겨질 수 있다. 특히 예전과 다른 환경에서 성공하고자 하는 피고용인이 문제를 일으키고 싶어 하지 않는다면 그렇다.

… 격차가 분명하고 커졌을 때, 즉 현재 연봉의 비율로 인상 액수를 계산하는 상황이 되어야 피고용인이 소송을 제기할 가능성이 있다. 그러므로 레드베터가 처음에 고용주를 의심하지 않았다고 해서 성별에 따른 임금 차별로 인한 소송을 막아서는 안 된다.

I

제7편은 '개인의 인종, 피부색, 종교, 성별, 국적으로 인해… 이익과 관련해 어떤 개인에 대해서든' 차별하는 것을 '불법적인 고용 관행'으로 지정한다. 이러한 고용 관행에 도전하려는 개인은 '그 불법 고용 관행이 일어난 지' 180일 내에 고용평등기회위원회에 고소해야 한다.

레드베터의 고소는 제7편을 적절하게 적용하는 데 중요한 질문을 던진다. 이익에 관련된 차별 사건에서 어떤 행동이 불법 고용 관행에 해당할까. 한 가지 대답은 임금 결정일 것이고, 그 결정만으로도 불법 관행으로 간주할 것이다. 이런 견해에서 볼 때 임금 결정 하나하나가 전후 결정과 별개의 것이며 그것이 이루어진 지 180일 이내에 이의를 제기해야 한다. 또 다른 대답은 임금을 정한 결정과 실제 차별적 임금을 지불한 것을 모두 불법행위라고 여긴다. 이런 시각에서 보면 성차별의 영향을 받은 임금이 지불될 때마다 불법 고용 관행이 이루어진 셈이다. 180일 기간 이전에 이루어진 최초의 임금 결정은 그 자체로 별개의 행위지만, 180일 기간 내에 있었던 행위의 합법성 여부를 결정한다. 대법원은 첫 번째 견해를 채택하지만, 두 번째 견해가 판례에 더 충실하고, 직장의 현실과 일치하며, 제7편의 수정적 목적을 존중한다.

A

베이즈모어[Bazemore] 재판에서 우리는 고용주 노스캐롤라이나 농업 서비스가 흑인 직원에게 비슷한 위치의 백인 직원보다 낮은 임금을 지불할 때마다 불법 고용 관행을 저지른 것으로 만장일치 판결했다. … '흑인에게 위치가 비슷한 백인보다 매주 낮은 액수로 임금을 지불한 것은 제7편에 의거해 잘못된 행동'이라고 판단했다. 과거의 차별적 임금을 계속 지불하는 것은 고소를 제기한 기간 외에 내려진 결정에 '관련' 있을 뿐 아니라, 지불할 때마다 새로운 차별 행위를 한 것이므로 고소 가능하다고 설명했다.

따라서 모건[Morgan] 재판에서 우리는 제7편의 고소 시한 요구와 관련해 불법 고용 행위를 두 가지로 나누었다. 차별이라고 '쉽게 확인할 수 있는' '별개의 행위'와 반복적으로 일어나 효과가 축적되는 행위다. …

우리는 '개별 행위가 축적되면서 나타난 효과에 근거한… 주장'은 '별개의 행위와 다르다'고 분명히 했다. 모건 재판의 판결은 적대적인 작업 환경의 주장을 범주에 넣었다. … 적대적인 작업 환경에서 '불법 고용 관행'은 '특정한 날에 발생했다고 할 수 없다. 그것은 며칠 혹은 몇 년에 걸쳐 일어나고, 개별 행위와 달리 한 가지 괴롭힘 행위만 가지고 고소할 수 없다.' 차별 행위가 지속되었다는 것은 경영진이 그 사실을 알고 있었다는 것을 의미한다. 적대적 작업 환경이라는 본질이 반복된 행동을 포함하므로 '해당 법의 목적을 위해 적대적 작업 환경을 구성하는 행위 중 일부가 정해진 시한 내의 것이 아니라고 해도 상관없다. …', 즉 불법행위가 과거에 시작되었다 해도 '이후 일자에 고소를 제기하며 행위 전체를 포함할 수 있다.'

레드베터가 경험한 것과 같은 임금 차는 단일 차별 건보다는 적대적 작업 환경 주장과 유사하다. 모건과 유사한 레드베터의 주장은 특정 임금에 대한 것이 아니라 '개별 행위가 축적되어 나타난 효과'에 대한 것이었다. 레드베터는 서서히, 그리고 꾸준히 축적된 차별을 고발했다. 처음에는 같은 일을 하는 남성의 임금과 비슷했던 레드베터의 임금이 이후 평가와 백분율에 근거한 조정으로 남성에 비해 15~40퍼센트 낮아졌다. 그녀는 자신의 작업을 폄하한 임금 평가가 반복되면서 현재의 차별에 이르렀음을 주장하고 증명했다. 각 행위가 일어난 시기는 고소 기한에 속하지 않지만, 굳이어는 매회 임금을 지불하면서 레드베터에게 점점 더 큰 손해를 안겨주었다.

B

직장의 현실을 살펴보면 레드베터가 겪은 차별이 '확인하기 쉬운' 별개 행위의 범주에 속하지 않는다는 사실을 알 수 있다. 승진 혹은 전근 요청 거부, 해고, 채용 거부는 근로자가 즉각 알 수 있다. 특히 승진, 전근, 채용, 해고는 동료도 알 만한 공개적 사건이다. 고용주가 이렇게 공개적이고 확실한 결정을 내리면 피고용인은 곧장 해명을 구해 평가할 수 있다. 반면 보상의 차이는 알기 어려운 경우가 많다. … 본건의 기록에서 드러나듯, 굳이어는 임금을 비밀에 부쳤다. 피고용인들은 동료의 수입에 대한 정보를 자유롭게 얻을 수 없었다.

임금 차의 원인이 여성 피고용인이 인상을 거절당해서가 아니라 남성에게 더 높은 임금을 주기 때문이라면, 감춰진 임금 차별 문제는 더욱 심각하다. 임금 차별을 받은 여성 피고용인은 자신이 차별 대상임을 바로 알아차리기 어렵다. 그와 같은 패턴이 반복되어 차이를 인지하기 전까지 차별을 의심할 만한 이유도 없다. 피고용인이 자신의 임금 인상률이 상대적으로 낮은 게 성과가 아닌 성별 탓이라고 생각한다 해도, 액수 차이가 너무 작거나 고용주의 의도를 확실히 알 수 없어 당장 고소를 제기하지 않거나, 승소할 수 없다고 여길 수 있다. …

C

모건 재판에서 확인된 바와 같은 임금 차와 별개의 고용 결정 사이의 중대한 차이에 비추어, 대법원이 근거로 삼는 재판은 지배력을 발휘할 수 없다. … 그들 재판에서 쟁점은 반복적이고 축적되는 차별 고용 관행이 아니었다.

로런스[Lorance] 재판 역시 부적절하다. 그 역시 한 번의 단일 행위에 관한 것이었기 때문이다. '성차별을 포함한' 새로운 연공 체계를 채택한 것이다. 더욱이 로런스 건에서 대법원이 근거로 삼은 것은 그 결정이 더 이상 효력을 발휘하지 못하기 때문에 이해할 수 없다. 1991년 민권법을 통해 로런스 건이 지닌 영향력을 국회가 대신하게 됐다. …

국회가 제7편을 수정한 지 15년 이상 지난 오늘날까지 대법원은 로런스 재판을 근거로 삼은 적이 한 번도 없다. 지금 그런 시도를 하는 것은 오류다. … 국회는 180일 이내에 고소하지 않은 차별적 임금 차를 바로잡을 의도가 없었다. 이전 임금의 백분율에 따라 인상 금액이 정해진다면 상대적으로 작은 임금 차이도 피고용인의 근무 기간에 따라 기하급수적으로 증가할 것임을 고려하면, 이 평가는 더욱 힘을 얻는다.

국회의 의도에 대한 실마리는 제7편의 체불임금 조항에서 찾을 수 있다. 이 법은 차별 고소를 제기하기 2년 전 임금분까지 체불임금을 배상할 수 있다고 명시한다. 이는 국회가 고소 기한 180일 이전부터 그 시기까지 이루어진 임금 차별에 대한 고소를 숙고했음을 보여준다. …

II

임금 차별이란 임금이 결정되는 경우마다 일어나는 별개의 행위로 취급하는 것이 '오래전 이루어진 채용 결정에 대해 고용주가 고소당하지 않도록 보호'하는 데 필요하다고 대법원은 주장한다. 그러나 레드베터가 고소한 임금 차별은 오래전에 이루어진 것이 아니다. 그녀의 주장대로, 그리고 배심원단에서 확인한 대로 굿이어는 임금을 지불할 때마다 성별을 이유로 레드베터를 차별했다. 피고용인이 '긴 기간에 걸쳐 이어지는' 차별을 고발할 수 있다고 해서 고용주가 불합리한 고소를 피할 수 있는 '보호막을 빼앗기는 것은 아니다.' 불리한 입장에 놓인 고용주는 다양한 보호막을 이용할 수 있다. …

　최종 주장에서 대법원은 본 소수 의견으로 '비록 피고용인이… 당시 결정에 관한 모든 상황을 잘 알고 있었음에도' 20년 전 내린 단일 결정에 대한 소송을 가능하게 해줄 것이라고 한다. 그런 소송은 패소할 거라는 지적이면 충분하다. 지각 있는 판사라면 그와 같은 방만한 소송을 용인하지 않을 것이다.

　대법원은 레드베터가 다른 해결책을 포기했다고 말한다. 그녀가 1963년 평등 임금법에 따라 주장을 펼쳤다면 시효 제한에 발목을 잡히지 않았을 것이다. 평등 입금법은 임금 차별이 인종, 종교, 국적, 연령, 장애에 근거한 것이면 배상금을 주지 않는다. 따라서 본 대법원은 제7편의 규칙을 축소함에 있어, 베이즈모어 재판에서 여성 근로자가 불평등 임금에 대한 배상을 받지 못하도록 하지는 않지만, 인종 혹은 여타 소수자가 비슷한 배상을 받는 것은 막는다고 했다.

　더욱이 평등 임금법의 불평등한 임금 지불 금지와 제7편의 보상에 관한 차별 금지의 차이는 본 대법원이 암시하는 것처럼 크지 않다. 핵심적인 차이는 제7편은 의도성을 증명하기를 요구한다는 것이다. '임금 차가 성차별로 인한 것인지 여부가 동일하다면' 제7편은 고용주에게 평결을 강요하는 반면, 평등 임금법은 원고에게 평결을 강요한다. 본건에서 레드베터에게는 자신이 겪은 임금 차이가 의도적인 성차별 탓이라고 배심원단을 설득할 의무가 있었다.

III

대법원이 법의 핵심 목적에 대한 충실성에서 제7편의 해석과 얼마나 멀어졌는지 알아보기 위해 레드베터가 재판에 제출한 증거로 돌아가겠다. 레드베터는 배심원단에 다음과 같은 내용을 증명했다. 그녀는 높은 직책에 있었고, 지배 계층(남성)과 동등한 작업을 수행했다. 그러나 적은 보상을 받았다. 이는 성차별 때문이었다.

특히 레드베터가 제출한 증거는 굿이어가 여성 관리자에게 통상적으로 행한 차별, 특히 레드베터에 대한 차별을 반영하는 오랜 결정으로 현재 그녀가 낮은 임금을 받고 있다는 사실을 증명했다. 예를 들어 레드베터의 이전 상사는 특정 1년간 레드베터의 임금이 굿이어의 임금 체계 중 최소 임금 이하였음을 배심원단 앞에서 인정했다. 굿이어는 그러한 임금 차이가 성과 때문이라고 주장했지만, 증인은 레드베터가 1996년 '최고 성과상'을 수상했음을 인정했다. 배심원단은 다른 상사—1997년 레드베터를 평가했고 그 평가로 최근 임금 인상이 거부되었다―가 여성에게 편견을 가지고 있었다고 한 증언도 들었다. 그리고 해당 공장에서 이전에 관리자로 일한 두 여성도 다양한 차별을 받았고 남성보다 적은 연봉을 받았다고 증언했다. 한 명은 자신의 하급자보다 적은 연봉을 받았다. 레드베터도 공장 관리자들에게 퍼진 차별적 적대감에 대해 증언했다. 공장 관리자는 레드베터에게 '공장에는 여성이 필요 없고, 여성은 도움이 안 되며 문제만 일으킨다'고 말했다. 모든 증거를 살핀 뒤, 배심원단은 임금 차이가 의도적 차별로 인한 것이라는 결론을 내리고 레드베터의 손을 들어주었다.

하지만 대법원의 판결에 따르면 레드베터가 증명한 차별은 제7편에 따라 배상받지 못한다. 그녀가 곧바로 고소하지 않은 모든 임금 결정을 각각 새로운 행동으로 본 것이다. 그녀의 임금을 남성 구역 관리자 임금보다 현저히 낮게 책정한 결정 행위에 포함된 축적 효과는 고려하지 않았다. 임금 차별 사실을 알면서 그 행위를 계속한 것을 합법적 행위로 취급했다. 레드베터는 고용평등기회위원회에 고소했을 때 받은 낮은 임금에 대해 배상받을 수 없다. … 이러한 판결은 직장 내 차별에 대한 확실한 보호라는 제7편의 목적과 전혀 부합하지 않는다.

대법원이 제7편의 폭넓은 수정 목적과 맞지 않게, 좁은 해석을 명령한 것은 이번이 처음이 아니다. 이번에도 공은 국회로 넘어간다. 1991년에 그랬듯, 입법부는 제7편에 대한 본 대법원의 인색한 해석을 수정해주기를 바란다.

이러한 이유에서 본인은 레드베터의 주장이 시효가 지나지 않았고 제11 순회항소법원의 판결이 번복되어야 한다고 주장하는 바다.

임신과 출산 결정은 여성의 삶과 안녕, 존엄성 획득에 매우 중요한 역할을 합니다. 이는 여성이 스스로 내려야 하는 결정입니다. 정부가 그 결정을 통제한다면, 여성은 자신의 결정에 책임을 지는 온전한 성인으로 대우받지 못하는 셈입니다. 주 정부의 임신 중지 금지는… 여성을 통제하는 행위이며, 그들에게서 온전한 자율성과 남녀평등권을 빼앗습니다.

루스 베이더 긴즈버그,
1993년 7월 21일 상원 인준 청문회

제2부

임신·출산의 자유

스트럭 대 국방부(1972)
청원인을 위한 의견서

현대의 독자가 생식의 자유와 대법원을 떠올리면 '로 대 웨이드' 재판을 생각할 것이다. 긴즈버그 대법관은 그때와 다른 길을 택했다면 임신 중지권을 확보할 수 있었으리라고 생각한다. 긴즈버그는 '스트럭 대 국방부' 재판이 임신 중지권 재판으로서 더 중요한 의미를 지닌다고 말했다. 그녀는 로 재판이 프라이버시와 의사-환자 관계에 초점을 맞춘 것도 중요하지만 그 자체로 임신 중지권에 대한 강력한 헌법적 근거를 제공하지 못했다고 봤다. 다음의 변론 자료에서 긴즈버그는 임신 중지권이 수정헌법 5조와 14조의 정당한 법 절차 및 평등 보호 조항을 통해 여성에게 보장하는 자유와 기회의 범위를 넓히는 계기가 되어야 한다고 주장한다.

사건 진술

청원인 수전 R. 스트럭 대위는 미국 공군의 직업군인이다. 그녀는 1967년 4월 8일 임관했고 그날부터 군에서 근무했다. 1970년 9월 14일, 베트남에서 청원인은 임신했다는 사실을 알았다. …

1970년 10월 9일 자 포기 각서에서 스트럭 대위는 출산 직후 아이가 입양되도록 하겠다는 뜻을 밝혔다. … 장교 위원회는 청원인이 임신했음을 파악하고 당시 여성 장교가 임신한 것을 확인하면 해고 조치를 요구하는 공군 규정 36-12(40)에 따라 제대를 추천했다. 1970년 10월 26일, 공군 장관은… 스트럭 대위를 최대한 빨리 직위 해제할 것을 지시했다. …

1971년 2월 1일, 지방법원 판사 굿윈은 청원인에게 적용한 규정이 합헌이라 판결했고, 고소를 기각했다.

1971년 11월 15일, 제9 순회항소법원 판사는 만장일치로 지방법원의 명령에 동의했다. …

주장

I

임관 이후 훌륭한 근무 태도를 유지한 장교이던 청원인은 임신 후 출산했기 때문에 제대를 명령받았다. 이 규정은 자동으로 적용된다. 이에 따라 임신을 중지하지 않는 임신부 장교는 복무에 부적합하다고 선언한다. 따라서 훌륭한 경력에도 불구하고 공군 복무를 계속하겠다는 청원인의 선택은 묵살된다. …

이 사건에서 핵심 질문은 수정헌법 5조의 정당한 법 절차에 내재한 평등 보호 조항에 따라, 공군이 일시적 장애를 불러올 수 있는 여타 신체 조건에 대해서는 모두 병가를 허용하면서, 여성 장교가 임신을 중단하지 않을 때 즉각적인 제대를(임신 8일에 확인하든 8개월에 확인하든 상관없이) 명할 수 있느냐 여부다. 이러한 차별은 여성이라는 이유로 법에 따라 개인의 잠재력이 구속당하거나 평등한 기회를 제한받아서는 안 된다는 현재의 입법적, 사법적 인식과 전혀 맞지 않는다는 것이 청원인의 입장이다. 스트럭 대위는 혜택이나 특별 대우를 원하는 것이 아니다. 임신부에 대한 정형화된 인식과 관계없이 개인의 능력과 자격을 근거로 판단받기를 요청할 따름이다.

II

'그 누구도 ─ 여기에는 현명한 혹은 종신 재직권을 지닌 판사도 포함된다―임신한 남성을 본 적이 없다.' 남성이 경험할 수 없는 신체 상태를 근거로 여성에게 불리한 처우를 한다면 성차별이 성립하는가? '그 일은 남성에게 일어날 수 없다'는 말 너머를 볼 수 있는 배심원들은 '그렇다'라고 대답했다.

여성(혹은 남성)으로 규정된 계층에 기회를 배제하는 정형화된 인식을 근거로 불리한 처우를 할 때 성차별은 성립한다. …

스트럭 대위에게 제대를 명한 공군 규정은 개인의 능력을 고려하지 않는 정형화된 예단의 사례다. 이 규정은 보통 짧은 장애 기간을 포함하는, 여성에게만 존재하는 신체 조건인 임신이 비자발적 제대를 요한다고 본다. 남녀 모두에게 영향을 주며 일시적 장애를 불러오는 다른 신체 조건 중 이와 같은 취급을 받는 것은 없다. …

A

본 재판에서 쟁점이 되는 공군의 비자발적 제대보다 덜 가혹한 임신 관련 규정도 사법 검토 후 모두 수정되었다. 사법부의 의견은 분명하다. 다른 일시적 신체 조건에 적용되는 규정보다 큰 부담을 주는 임신 관련 규정은 부당한 성차별에 해당된다. …

　임신은 여성에게만 일어날 수 있는 것이지만 다른 의료적 상황과 유사하므로, 그와 같이 취급하지 않을 합리적 근거가 없다. 따라서 이는 수정헌법 14조 평등 보호 조항을 위반하는 차별에 해당한다.

　군 위원회 정책의 융통성 없는 적용이 그 규정의 합헌성에 의심을 드리운다. … 임신으로 능력을 상실하는 여성이 있을 수 있지만… 모든 여성이 그러리라고 가정하는 것은 인구 절반을 정형화된 언어로 규정하고 인위적으로 처우하는 것이다. 성별에 대한 고정관념은 인종이나 종교에 대한 고정관념과 마찬가지로 해롭다. 임신한 피고용인을 모두 똑같은 방식으로 대한다는 원칙은 종류를 막론하고 관련 여성에게 비인간적인 처우이며 임의적이고 차별적이다. …

─────── 긴즈버그는 명백하지만 종종 간과하는 점을 지적하고 있다. 임신 중지 규정이 여성에게만 적용되는 것이므로 성차별에 해당한다는 것이다. 그런 차별에 설득력 있는 해명을 내놓지 못한다면 금지해야 한다. 임신부에 대한 남성의 생각을 일반화한 내용은 설득력 있는 사유라 할 수 없다. 긴즈버그는 이러한 일반화가 젠더 평등에 대한 사회적 합의를 거스르고 여성

에게 주어진 기회를 축소하기에 매우 해롭다는 것을 증명한다.

Ⅲ

···B

최근 미국에서는 여성의 지위를 새롭게 이해하고 있다. 남녀 페미니스트는 물론, 국회의원과 법원도 우리 사회에서 여성이 종속적 입지를 지니며, 우리 체제가 역사적으로 그들에게 2인자라는 위상을 떠안겼다는 사실을 인식하기 시작했다. 남녀에게 평등한 기회를 주는 것이 정의의 문제라는 국가적 인식은 중대한 개혁을 이끌어냈다. ···

남녀에게 평등한 기회를 주어야 한다는 사회적 태도 변화에 따라, 성별 차이라는 '의심스러운 분류' 바탕에 자리 잡은 편견을 보다 자세히 살펴야 한다. ··· 개인이 통제할 수 없고, 그것으로 인해 처벌되어서는 안 되는 변경 불가능한 선천적 특성을 근거로 차별하는 것은 허용할 수 없다. 인종, 혈통, 국적 등 본 대법원이 '의심스럽다'고 선언한 기준뿐 아니라, 개인의 성별도 이에 포함된다.

연방 법원과 주 법원의 깨어 있는 판사들은 구세대의 사회적 태도와 경제적 조건을 반영하는 판결에서 벗어나, 성별을 근거로 정부 당국이 그은 선에 대해 점점 더 회의적인 태도를 보이고 있다. …

… 성별이 지능이나 신체장애 같은 명확한 기준과 다르고 의심스럽다고 인정된 분류와 유사한 점은, 성과를 내거나 사회에 공헌하는 능력과 무관한 경우가 많다는 것이다. … 그러나 개인의 능력이나 특징과 상관없이 전체가 열등한 법적 지위를 갖게 된다. …

정치·사업·경제 부문에 여성이 온전히 참여하지 못하게 막는 법은 '보호'나 혜택이라고 규정되곤 한다. 인종 혹은 소수민족에 동일한 법을 적용한다면, 해롭고 허용 불가능한 것으로 널리 인식될 것이다. 여성의 위치는 자세히 살펴보면 새장일 때가 많다. 우리는 성별 분류가 의심스러운 것이라고 결론 내린다. 그러한 분류가 고용 같은 이해관계에 관련해 이루어졌을 때 특히 그러하다. …

I.

… 평등한 기회를 원하는 여성을 괴롭혀온 장벽 중 가장 견고한 것은 출산에 근거한 불리한 처우다. 여성에 대한 처우에서 어떤 차별이든 '그들을 위한 것'으로 간주하는 배심원들이 이 현실을 제대로 볼 수 없게 했다. 아직도 만연하고 매우 최근까지 흔했던 임신부 해고 혹은 강제적 무급 휴가

를 '보호'라는 미명 아래 설명하고 있다. 이런 관행은 여성에게 주어진 기회를 크게 제한하는 '변함없는 역풍'으로 작용한다.

청원인이 증명하듯 임신 중 맡은 일을 충분히 수행할 수 있고 출산 전후 짧은 휴가만 필요로 하는 여성이 많다. 이런 현실을 무시하고 임신한 모든 여성을 '보호'하는 규정은 개개인의 상황을 고려하지 않고 근로 기회를 빼앗는 것이며, 근로 여성에게 가장 필요한 보호, 즉 스스로와 가족을 부양하기 위해 일할 권리를 박탈하는 것이다.

여성 노동력에서 소득이 있는 고용은 경제적 필요에 따른 것이다. 이런 집단에 수입은 결코 '주머닛돈'이 아니다. 그들의 일자리가 그들과 부양가족에게 유일한 소득원인 경우가 많다. 남편이 있는 경우에도 아내의 수입은 가족의 최저 생활을 유지하는 데 필요하다. 임신으로 해고되어 임금과 수당을 받을 수 없고 출산 후 복직할 권리를 빼앗긴다면, 임신보다 훨씬 더 큰 장애를 겪는다.

경제적 필요로 일하는 것이 아니라 해도 의무적인 출산 해고는 가정을 위해 커리어를 포기하라는 사회적 압력을 강화한다. …

IV

임신부의 공군 복무를 금지하는 문제의 규정이 불러오는 차별적 처우에는 임신한 여성은 업무 수행에 부적합하며 직장이 아니라 집에서 출산을 기다리고 육아에 헌신해야 한다는 잘못된 관념이 반영되어 있다. 이처럼 낡은 기준을 청원인에게 강요하는 것은 프라이버시 권리를 침해하는 위헌적 처사다.

출산과 사적인 인간관계와 관련된 개인의 프라이버시는 이 나라의 전통과 본 대법원의 전례에 따른 확고한 권리다. …

청원인에게 적용한 공군 규정은 성적 프라이버시 권리와 '아이를… 낳을지 여부'를 결정하는 자율권을 심각하게 침해한다. 최근 본 재판과 유사한 여러 재판에서 임신 및 출산의 통제를 금지하는 판결이 자주 내려졌지만, 본 재판에서 다루는 공군 규정은 임신 및 출산의 통제를 금지하지 않는다. 반대로 피항소인들은 그 규정의 목적이 그러한 통제를 '권장'하는 것이라고 주장한다. 그러나 '권장'이 여성에게만 적용되고 엄격한 금지—여성 공군은 아이를 낳지 못한다—의 형태를 취한다면, 프라이버시와 자율에 관련된 여성의 권리는 크게 제한된다. 이에 따라 여성의 '선택'은 한 방향으로만 이루어진다. 공군에서 계속 근무하고 싶다면, 아이를 낳아서는 안 된다.

중요한 사실은 공군에서 남성에게 제대를 조건으로 피임을 하거나 아버지가 되기를 피하라고 '권장'하지 않는다는 것이다. … 해당 규정의 목적이 '피임 권장'이라면 남녀 모두에게 적용해야 한다. 그러나 결혼 여부와 관계없이 남성 공군에게 아이를 낳지 말라고 권장하는 규정은 없다. 만약 남녀 공군 대위가 아이를 갖는다면, 남성은 계속 복무할 수 있지만 여성은 비자발적으로 제대해야 한다.

따라서 임신을 막는 규칙을 채택하는 데 중대한 정부의 이해관계가 관련되어 있다는 주장은 다음과 같은 사실을 간과하고 있다. 남성 군인의 경우 자녀 갖기를 금지하지 않을 뿐 아니라 아버지가 될 남성에게 복무를 장려하기 위해 추가 혜택을 제공한다. 반면 여성 군인의 경우 자녀 갖기를 금지한다. 계획한 것이든, 우연이든, 피임에 실패해서든 임신은 즉각 종료하지 않는 한 청원인에게 적용된 규정에 따라 비자발적 제대로 이어진다. 남성 공군은 성적 프라이버시나 가족계획에 대한 결정에 정부의 간섭을 받지 않는다. 그러나 여성은 '규정'의 영향을 받는다. 공군에서 커리어를 이어가려면 여성은 아이를 갖지 말아야 한다. …

————— 임신 중지 사안을 평등이라는 관점에서 변호한 긴즈버그의 주장은 학자들에게 큰 관심을 받아왔다. 그러나 이는 대법원에서 주류로 받아들여지지 않았다. 대법원이 이 재판에 판결을 내리지 않았기 때문이다. 스트럭 대위와 공군은 대법원이 관여하기 전에 합의했고, 스트럭 대위는 직위를 유지했다.

곤잘러스 대 카하트(2007)
소수 의견

———————— 1973년 '로 대 웨이드' 재판은 프라이버시 권리에 근거해 임신 3개월 이내에 임신을 중지할 수 있는 헌법적 권리를 확립하게 했다. 19년 뒤, '가족계획 대 케이시' 재판에서 대법원은 로 재판의 판결을 다시 확인했지만 범위를 좁혔다. 임신 중지 권리는 계속 보장되지만 중지 시술을 받는 데 '불합리한 부담'을 지우지 않는 임신 중지 관련 법이 헌법의 검열을 통과하게 됐다. 당시 국회는 반대자들이 '부분 출산 임신 중지'라고 부른 '무손상 D & E(확장추출술)'라는 시술을 전국적으로 금지하는 법을 통과시켰다. 산모의 건강을 고려한 예외를 인정하지 않는 이 법은 로 재판이 의사 – 환자 상담에 초점을 맞춘 것과 전혀 달랐다. '곤잘러스 대 카하트' 재판에서 대법원은 해당 절차에 대한 금지가 명백하고 '불합리한 부담'에 해당하지 않는다고 주장

하면서 부분 출산 임신 중지 금지법을 지지했다.

긴즈버그 대법관은 다수 의견이 로 재판과 케이시 재판의 판례를 무시했다고 단호히 주장하며 이 판결에 반대한다. 스트럭 재판의 자료에서 보았듯, 긴즈버그도 대법원의 임신 중지에 관한 법리적 해석이 평등한 보호에 더 집중하기를 바랐을 것이다. 그러나 판사로서 긴즈버그가 담당한 일은 판례를 인정하는 것이며, 그녀는 다수 의견이 내놓은 의료적 주장 가운데 오류가 있는 부분을 낱낱이 파헤치며 맡은 바 임무를 수행하고 있다. 그러나 긴즈버그도 임신 중지 권리와 평등의 연결 고리를 언급하면서 여성의 자율과 '평등 민권법'의 관계를 지적한다. 긴즈버그의 소수 의견이 국회의 대응을 불러온 레드베터 재판과 달리, 부분 출산 임신 중지 금지법은 유지됐다. 그러나 긴즈버그의 소수 의견은 임신 중지 권리를 옹호하는 대표적인 글로 남았다.

'사우스이스턴 펜실베이니아주 가족계획 대 케이시' 재판에서 대법원은 '자유는 의심스러운 법리학에 은신할 수 없다'고 선언했다. 약 20년 전 '로 대 웨이드' 재판에서 이루어진 7-2 판결의 '의미와 도달 범위'에 대해 의심의 여지를 없앨 '긴급한' 필요가 있다고 대법원은 밝혔다. 그 필요에 응해 대법원은 '임신 중지에 관련된 여성의 권리와 주 정부의 합

법적 권한'을 정의함으로써 '주 법원과 연방 법원, 입법기관'
에 확실한 지침을 제공하고자 노력했다.

케이시 재판을 담당한 대법원은 로 재판의 기본 주장을
다시 말하고 확인했다. 첫째, 대법원은 태아 생존력이 생기
기 전에 허용 가능한 임신 중지 규정을 밝혔다. 대법원은 '생
존력이 생기기 전에 임신 중지를 선택하고 주 정부의 부당
한 간섭에서 벗어나 시술받을 여성의 권리'를 인정했다. 둘
째, 대법원은 '여성의 생명이나 건강을 위협하는 임신에 대
한 예외를 법이 인정하지 않는다면, **태아 생존력이 생겨난
후**의 임신 중지는 주 정부가 제한할 권리'를 인정했다(강조
추가). 셋째, 대법원은 '**여성 건강**과 아이가 될 수 있는 태아
의 생명을 보호하는 데 임신 시작부터 주 정부가 합법적인
이해관계를 갖는다'고 확인했다(강조 추가).

로 재판을 다시 확인하면서 케이시 재판을 담당한 대법원
은 '아이를… 가지는 결정'이 여성의 '존엄성과 자율성', '인
간성'과 '운명', '사회에서 점하는 위치에 대한… 개념'에 핵
심이 된다고 설명했다. 이러한 중대성에 대해 케이시 재판
을 담당한 대법원은 생존력이 생겨난 후라 하더라도 임신
중지 시술에 대한 주 정부의 규정이 '여성 건강'을 보호해야
한다고 했다.

7년 전, '스텐버그 대 카하트Stenberg v. Carhart' 재판에서 대법원은 정치계에서 '부분 출산 임신 중지'라고 명명한 의료 시술을 범죄로 지정한 네브래스카주의 법을 무효화했다. 로 재판과 케이시 재판의 판례에 따라, 대법원은 네브래스카주의 법이 여성 건강을 보호하지 않으므로 위헌이라고 판결했다.

오늘 내린 판결은 놀랍다. 이 판결은 케이시 재판과 스텐버그 재판 판례를 무시했다. 이 판결은 미국 산부인과학 칼리지가 필요하고 적절하다고 판단한 시술을 전국적으로 금지하는 연방 정부의 개입을 용인할 뿐 아니라, 응원하고 있다. 이 판결은 케이시 재판에서 태아가 생존력을 갖추기 전과 후로 확실히 그었던 선을 지우고 있다. 그리고 로 재판 이후 처음으로 대법원은 여성 건강에 대한 안전장치를 감안하지 않은 규정을 축복하고 있다.

본인은 대법원 입장에 반대한다. 임신 중지 제한에 여성 건강을 보호하기 위한 예외를 두어야 한다는 판례에서 후퇴한 대법원은 임신과 출산과 관련된 여성의 선택권을 제한하여, 면밀히 검토한다면 절대 유지될 수 없는 법을 지지하고 있다.

I

A

케이시 재판에서 이해했듯, 임신 중지 금지에 대한 재판에는 여성의 '운명 통제권'이 달려 있다. '그리 오래 되지 않은 과거에' 여성이 '헌법 아래 온전하고 독립적인 법적 지위를 박탈한, 특수한 책임을 지닌 가정과 가족생활의 중심으로 간주'되던 시절이 있었다. 그러한 시각은 '우리가 이해하는 가족, 개인, 헌법과 일치하지 않는다'고 본 대법원은 케이시 재판에서 분명히 밝힌 바 있다. 여성은 '국가의 경제적, 사회적 생활에 평등하게 참여할' 재능, 능력, 권리를 지니고 있음이 인정되었다. 본 대법원은 잠재력을 실현하는 여성의 능력은 '임신 및 출산을 통제할 능력과' 밀접히 연관되어 있다고 인정했다. 따라서 임신 중지 시술을 부당하게 제한한 것에 대해 제기한 법적 고소는 프라이버시에 대한 일반적 개념이 정당하다는 것을 입증하고자 하지 않는다. 오히려 이러한 고소는 여성이 스스로 삶의 방향을 정하고 평등한 시민의 지위를 누릴 자율성에 초점을 맞춘다.

임신 및 출산 선택권에 대한 이러한 이해와 함께 대법원은 임신의 모든 단계와 경우에서 임신 중지와 관련된 법이 여성의 건강을 지킬 것을 일관되게 요구했다. …

케이시 재판의 '임신부의 생명이나 건강을 유지하기 위해, 적절한 의료진의 판단 아래, 필요한'이라는 구절에서 '필요한'이라는 말은 절대적 필요성이나 증거를 가리키는 것이 아니다. … 케이시 재판의 '적절한 의료진의 판단'은 의료적 의견 차이를 사법적으로 용인해야 함을 뜻한다. …

B

스텐버그 판결이 내려진 지 몇 년 뒤인 2003년, 국회는 여성의 건강에 관련된 예외 없는 부분 출산 임신 중지 금지법을 통과시켰다. 부분 출산 임신 중지 금지법이 근거로 삼는 국회의 조사 결과는 검토를 불허하며, 하위 법원들은 이를 인정하기로 결정했고, 본 대법원은 이를 인정할 의무를 지녔다. …

C

국회와 반대로 지방법원은 철저한 조사를 마치고 결과를 얻었으며, 이 조사에서 모든 당사자가 가장 적합한 증거를 제출했다. …

지방법원 조사 중 '여러' '뛰어난 업적'을 이루었으며 '매우 경험 많은' 의료 전문가들이 특정 경우 여성에게 무손상 D & E가 다른 시술보다 안전하며 건강을 보호하는 데 필요하다고 설명했다. …

조사를 통해 얻은 증거 및 국회 기록에 대한 철저한 검토에 근거해 이 쟁점을 고려한 지방법원은 모두 국회의 조사 결과가 불합리하며 증거가 부족하다고 거부했다. 법원들은 국회의 조사 결과와 반대로, '주요 의료 권위자가 특정 경우 무손상 D & E가 가장 안전한 시술임을 지지한다'고 결론 내렸다.

본 대법원은 지방법원의 조사 결과를 존중한다. 오늘날 의견은 그러한 조사 결과를 거부할 이유를 제시하지 못한다. 그러나 지방법원이 평가한 증거가 스텐버그 재판과 확연히 충돌하는데도 본 대법원은 부분 출산 임신 중지 금지법이 '의료적 불확실성이… 계속된다면' 유지될 수 있다고 주장한다. 이 주장은 당혹스럽다. 그것은 건강 문제라는 예외를 인정한 본 대법원의 오랜 선례를 무시할 뿐 아니라, 지방법원이 세심하게 작성한 이전 기록을 변경하는 것이다. 그 기록은 '해당 사안에 대해 전문가 대다수가 특정 경우 무손상 D & E가 가장 안전하고 적절한 시술이라고 믿는다'고 밝히고 있다.

대법원은 이 증거 중 일부를 인정하지만, 일부 증인이 미국 산부인과학 칼리지와 여타 전문가의 위험성 평가에 동의하지 않기 때문에 해당 법이 유지될 수 있다고 주장한다. 이 주장으로 대법원은 여성 건강을 보호하기 위해 무손상 D & E가 필요 없다고 증언한 의사들의 의견이 권위가 부족하다는 지방 법원의 조사 결과를 비밀에 부치고 있다. … 정부 증인들이 임신 중지 시술의 상대적 위험성을 평가할 자격을 갖추었다 하더라도, 그들의 증언은 '특정 상황에서 무손상 D & E가 가장 안전한 시술이 될 것이라 생각하는 주요 의료 전문가'의 의견을 뒤집을 수 없다.

II

A

예외 없이 전국적으로 무손상 D & E를 금지하는 데 대해, 대법원은 조잡하고 부실한 해명을 제시한다. 오늘의 판결은 '케이시 재판의 결론에 핵심적 전제 조건'—즉 '태아의 생명을 지키고 향상시키는 데 대한 정부의 합법적이고 중대한 이해관계'를 제기한다고 대법원은 선언한다. 그러나 해당 법은 그 이해관계를 증진하지 못한다. 임신 중지 방법만 언급하고 있으므로 단 하나의 태아도 구하지 못한다. 그리고 물론 해당 법은 임신부의 생명이나 건강을 지키기 위한 것이 아니었다. 간단하게 말하면 대법원은 '태아의 생명을… 보존'하기 위해 필요한 조치는 하지 않으면서 주치의가 '가장 안전한 시술이라고 믿는'데도 여성이 무손상 D&E 시술을 선택하지 못하게 만드는 법을 지지한다. …

결국 대법원은 '윤리적 고려', 즉 임신 중지를 금지할 수 있는 고려가 작용함을 인정한다. 그러한 고려가 생명을 보호하는 정부의 이해관계에 이바지한다는 어떤 근거도 없다. 그러한 고려를 기본권보다 중시함으로써 대법원은 판례의 명예를 훼손하고 있다.

대법원은 신뢰할 만한 증거가 전혀 없는데도 임신 중지에 대한 케케묵은 생각을 되살리고 있다. 임신 중지를 하는 여성은 자신의 선택을 후회하며 '심한 우울과 자존감 상실'로 고통받는다는 것이다. 여성의 연약한 감정 상태와 '엄마가 아이에게 갖는 애정' 때문에 의사들이 무손상 D&E 시술의 본질을 감출 수 있다고 대법원은 우려한다. 하지만 대법원이 찬성하는 해결책은 의사로 하여금 여성에게 여러 시술과 위험성을 정확하고 적절하게 알리도록 하는 것이 아니다. 대신 대법원은 여성의 안전을 희생시키면서 여성이 자율적 선택을 할 권리를 빼앗는다.

이런 식의 사고방식에는 가족과 헌법 아래 여성의 지위에 대한 과거의 관념—오래전 신빙성을 잃은 인식—이 반영되어 있다. …

오늘의 다수 의견이 해당 사안에 관련해 느끼는 여성의 감정을 '자명하다'고 주장할 수 있지만, 대법원은 '여성의 운명은… 자기 영혼의 요구와 사회적 위치에 대한 개념에 따라… 정해야 한다'고 여러 번 확인해왔다.

B…

태아를 구하지 못하는 선이 대법원의 '윤리적 우려'에 직면해 얼마나 오랫동안 유지될지 의아하다. 로 재판과 케이시 재판이 확보한 권리에 대해 대법원이 보여주는 적대감이 만천하에 드러났다. 전체적으로 그 의견은 의료 전문가가 아닌 '낙태 전문 의사'라는 낙인이 찍힌 채 임신 중지 시술을 시행하는 산부인과 및 외과 의사에게 적용된다. 태아는 '태어나지 않은 아이'나 '아기'라 묘사하고, 태아 생존력 생성 전인 임신 4~6개월의 임신 중지를 '후기'라고 지칭하며, 매우 숙련된 의사들의 타당한 의학적 판단을 '단순한 편의'를 동기로 삼는 '선호'로 일축한다. 이전에 시행한 면밀한 검토 대신, 대법원은 '타당한' 근거가 있다면 해당 법을 충분히 유지할 수 있다고 판단한다. 가장 심란한 것은 '로 재판의 핵심 판결' 효력이 지속됨을 확인하면서도 케이시 재판의 원칙이 '유지'되거나 '재확인' 받는 대신, 당분간 '가정'될 뿐이라는 점이다.

III

A

다수 의견은 스텐버그 재판과 이전 판결을 구별하려 하지 않고, 피항소인들이 무손상 D & E에 대한 금지가 '관련 사례 다수에서' 위헌임을 증명하지 못했다는 이유로 자신들의 입장을 고수한다. 하지만 어떤 제한이 '다수' 여성에게 부당한 부담을 주는지 결정하는 데 관련된 집단은 '모든 여성'도, '모든 임신부'도, 심지어 '임신 중지를 하고자 하는' 여성도 아님을 케이시 재판은 분명히 밝혔다. 임신 중지를 제한하는 조항은 '무관한 사람들이 아닌, 실질적으로 제한당하는 여성을 참조해 판단해야 한다.' 따라서 건강을 고려한 예외 조항을 없애는 것은 관련 여성 모두, 즉 다른 시술이 건강을 위협한다는 의사의 판단에 따라 무손상 D & E를 받아야 하는 여성에게 부담을 준다. 피항소인들이 건강을 고려한 예외 조항이 4~6개월 임신 중지 중 대부분에 적용된다는 사실을 증명하지 못했다고 해서 이의를 받아들일 수 없다고 결론 내리는 것은 어불성설이다. 건강을 고려한 예외를 두는 것은 여성을 예외적 상황에서 보호하기 위해서이기 때문이다.

B

오늘 의견에 대해 조금이라도 만회할 만한 것이 있다면, 대법원이 해당 법에 대한 헌법적 이의 제기를 완전히 배제할 용의는 없다는 점이다. '해당 법은 별도 사건에서 적절한 이의 제기에 열려 있다'고 대법원은 명시한다. 그러나 대법원은 '적절한' 소송에 대해서는 아무런 실마리도 제공하지 않는다. … 물론 무손상 D & E를 금지해 여성의 건강이 위험에 처할 때까지 어떤 소송도 제기할 수 없다는 뜻은 아닐 것이다. '의료 부작용을 겪는' 여성은 당장 의료 시술을 받아야 하며 사법 절차가 끝날 때까지 기다릴 수 없다. …

'별도 사건에서 적절한 이의 제기'만 허용하는 대법원은 여성 건강을 위험에 빠뜨리고 의사들을 불안한 입지로 내몬다. 법원들이 '확실하고 분명한 경우' 간단한 소송을 통해 허가를 받을 수 있다 하더라도, 이전 소송으로 좋은 결과를 예상할 수 없다면 여성은 보호받지 못할 수 있다. 그러한 여성을 치료한 의사들은 환자에게 가장 안전한 의료 시술을 권했다는 이유로 형사소송, 유죄판결, 구속의 위험에 직면할 것이다. 그러므로 소수의 이의 제기가 '여성 건강을 지키는 올바른 방식'이라는 결론을 내린 대법원은 크게 착각한 것이다.

IV

대법원이 케이시 재판에서 판결했듯 '로 재판의 주요 내용을 기각하는 것은 선례 구속성의 원리로 정당화할 수 없는 결과일 뿐 아니라, 사법적 권한을 행사하고 법에 헌신하는 국가의 대법원이 수행할 역할을 심각하게 제한할 것이다.' '우리 헌법의 바탕이 되는 법치 개념에는 연속성이 필요하므로 판례에 대한 존중이 필수다.'

오늘 의견이 로 재판이나 케이시 재판을 폐기할 정도는 아니지만, 예전의 제한적 임신 중지 규정과 다른 내용을 내놓은 대법원은 앞서 말한 '법치'와 '선례 구속성'을 어겼다. 국가가 여성 건강을 보호하는 데 필요한 임신 중지 시술을 금지할 수 없다는 이전 판례에도 불구하고 국회는 금지 조치를 내렸다. 국회가 조사한 내용이 재판에서 영향력을 발휘하지 못했지만, 대법원은 헌법에 근거한 판결을 기각하는 입법을 따르고 있다. 법리학과 다른 결정은 유지되어서는 안 된다.

부분 출산 임신 중지 금지법이 적법한 정부의 이해관계를 증진한다는 생각은 한마디로 비이성적이다. 대법원이 이 법을 옹호하는 이유에 대해서는 아무 설명도 하지 않는다. 대법원의 옹호는 본 대법원이 수차례 여성이 생명을 유지하는 데 반드시 필요하다고 선언한 권리를 박탈하려는 노력으로 이해할 수밖에 없다. '특정 법이 헌법상 권리를 제한하고, 국회의원들이 그 권리에 대한 적개심을 표현하기 위해 법을 통과시켰다면, 이는 부당하다.'

앞에서 말한 이유로 본인은 본 대법원의 결정에 반대하며 이 판결을 다시 검토할 것을 주장하는 바다.

버웰 대 호비 로비 스토어스(2014)
소수 의견

———— 환자 보호 및 부담 적정 보호법[PPACA]이 2010년 통과되며 미국 건강보험에 큰 변화를 가져왔다. 그 조항 중에는 직원이 50명 이상인 회사는 피임이 포함된 저렴한 건강보험을 모든 직원에게 제공해야 한다는 내용이 있었다. 예술 및 공예 전문 상점 호비 로비는 독실한 복음주의 기독교인인 그린 일가가 소유한 '소수 주주 지배 회사'다. 그린 일가는 피임 비용을 제공하는 것이 종교 교리를 위반하는 것이며 호비 로비가 종교 자유 회복법에 따라 예외를 인정받았다고 주장하면서 저항했다. '버웰 대 호비 로비 스토어스' 재판에서 대법원 다수 의견은 소수 주주 지배 회사에도 종교 자유 회복법이 적용되므로 개인과 마찬가지로 종교 자유의 권리를 부여한다고 판결했다. 따라서 정부가 다른 방식으로도 건강보험의 목적을 이룰 수 있다는 점

에 비추어, 호비 로비는 피임 제공 의무에서 자유로워졌다.

다음의 소수 의견에서 긴즈버그 대법관은 종교 자유 회복법을 회사에 적용해서는 안 되며, 그것이 적용될 경우 회사가 직원에게 종교 교리를 강요하게 된다고 주장했다. 그녀는 종교 자유 회복법이 그린 일가를 보호해주기는 했지만, 그린 일가의 주장보다 피임 제공 의무를 통한 여성 보건이 정부의 이해에 부합한다고 설명했다.

놀랍게도 법인 등의 회사가 자신들의 신앙과 맞지 않는다고 판단하는 법을(조세법만 예외) 준수하지 않을 수 있다고 대법원은 판결한다. 적어도 '덜 제한적인 대안'이 존재한다면, 법 준수에 대한 정부의 중대한 이해관계와 종교 교리에 비추어, 타인에게 손해를 미치는 것은 상관없다고 대법원은 판결한다. 이는 종교를 근거로 예외를 주장하는 회사 대신 정부, 즉 대중이 대가를 치르게 될 것이라고 시사하는 셈이다.

대법원은 수정헌법 1조 중 신앙의 자유 조항이 종교를 바탕으로 한 허용을 극단적으로 요구한다고 주장하지 않는다. 대법원의 판결은 그 점에 대해 의심의 여지를 두지 않기 때문이다. 대신 대법원은 국회가 1993년 종교 자유 회복법에서 오늘의 판결이 지지하는 특이한 종교 예외 사항을 명시했다고 주장한다. 대법원은 종교 자유 회복법이 기업주와 종교가 같지 않은 제삼자에게 어떤 영향을 주든, 이윤을 추구하는 기업의 종교를 수용할 것을 요구한다. 이런 경우 제삼자에는 호비 로비와 코네스토가Conestoga에 고용된 여성 직원 수천 명과 그 직원의 부양가족이 포함된다. 국회는 훨씬 덜 극단적인 목적을 위해 종교 자유 회복법을 제정했다. 본 대법원의 판결이 불러일으킬 수 있는 혼란을 생각하며, 본인은 반대하는 바다.

I

'국가의 경제·사회생활에 평등하게 참여하는 여성의 능력은 임신과 출산을 통제하는 능력을 통해 향상됐다.' 국회가 포괄적인 전국 보험 프로그램의 일환으로 여성의 요구에 부응하는 사전 예방 보호의 보험 보장을 요구했을 때, 이와 같은 이해에 따라 행동한 것이었다. …

A

환자 보호 및 부담 적정 보호법은 본래 가입자나 수혜자에게 추가 부담 없이 보장해야 하는 예방 치료 세 가지를 지정했다. … 그런데 그 계획에는 큰 차이가 있었다. '여러 여성 보건 옹호자와 의료 전문가가 매우 중요하다고 믿는' 예방 서비스를 누락했다. 이를 바로잡기 위해 바버라 미컬스키 상원의원은 여성 보건 수정 조항을 도입했는데, 이는 환자 보호 및 부담 적정 보호법의 최소 보장 요건에 여성 보건 특정 예방 서비스를 더한 것이다. …

여성 보건 수정 조항이 통과되면서 변경된 환자 보호 및 부담 적정 보호법은 '보건 자원 및 서비스 관리국이 지지하는 포괄적 가이드라인에서 제공하는 것과 같은… 추가 예방 치료와 테스트'를 비용 없이 보장하는 새로운 보험 플랜을 요구한다. …

… 보건 자원 및 서비스 관리국은 '생식 능력이 있는 모든 여성에게 FDA 승인 피임법, 피임 시술, 환자 교육 및 카운슬링'의 보장을 추천하는 가이드라인을 채택했다. 이후 보건사회복지부, 노동부, 재무부는, 특정 예외를 두고, 보건 자원 및 서비스 관리국 가이드라인에서 추천하는 피임 서비스 보장이 포함된 직장 건강보험 규정을 알렸다. 본 의견은 이러한 규정을 피임 보장 요건이라고 부른다. …

II

호비 로비나 코네스토가가 주장할 수 있는 수정헌법 1조 종교 자유 조항은 '오리건주 인력자원부 고용 대 스미스 Employment Div., Dept. of Human Resources of Ore. v. Smith' 재판에서 본 대법원이 내린 결정에 따라 모두 배제된다. … '종교를 금지하는 것이… 정부의 규제 목적이 아니라, 일반적으로 적용 가능하거나 유효한 조항의 우연한 영향일 뿐일 때' 수정헌법 1조를 위반하는 것이 아니다. 환자 보호 및 부담 적정 보호법의 피임 보장 요건은 일반적으로 적용되고 '그 외에는 유효'하며, 종교를 위한 것이 아니라 여성 복지를 위한 것이고, 그것이 발휘하는 효과는 모두 우연이다. …

호비 로비와 코네스토가가 바라는 예외 조치는 회사 직원 및 보험 수혜자의 중대한 이해관계를 무시할 것이다. 고용주와 종교가 다른 많은 여성이 환자 보호 및 부담 적정 보호법이 규정하는 피임 보장을 받지 못하게 될 것이다. …

III

A

호비 로비와 코네스토가는 종교 자유 조항 아래 유지되는 권리를 행사할 수 없다. 따라서 이들 회사는 '정부는 보편 적용의 원칙에서 야기되는 것이라 하더라도, 개인의 종교 활동에 큰 부담을 주어서는 안 된다'는 종교 자유 회복법에 의존한다. 정부가 그 부담을 지우는 것이 '중대한 정부 이해관계…'를 위한 '가장 비제한적인 수단'임을 증명하지 못하는 한 그렇다.

입법 역사 역시 종교 자유 회복법의 목적을 강조한다. … 이 법은 '어떠한 종교 활동이나 잠재적 소송 당사자의 새로운 권리를… 생성하지' 않는, 스미스 재판 이전의 법을 반복한다. …

C

종교 자유 회복법의 목적을 염두에 두고, 본인은 해당 법을 소송에 적용하는 것을 살핀다. 대법원이 취한 입장을 볼 때 이를 위해서는 호비 로비와 코네스토가 측 주장에 결정적일 수 있는 몇 가지 질문을 고려해야 한다. 영리회사가 '종교… 활동을 하는' 개인과 같은가? 그렇다고 가정하면 피임 보장 요건이 그들의 종교 활동에 '크게 부담'이 되는가? 그렇다면 그 요건이 '중대한 정부 이해관계를 증진'하는가? 그리고 끝으로 그 요건이 이해관계를 증진하는 최소한의 제한적 수단을 대표하는가?

종교 자유 회복법의 적용에 스미스 재판 판결의 영향을 고려하지 못한 대법원은 매 단계 부정확한 분석을 한다. …

1

본 소송이 제기되기 전까지는 종교 자유 조항에 의해서든 종교 자유 회복법에 의해서든, 영리회사가 보편 적용법에 따라 종교적 사유에서 예외가 될 수 있다고 대법원이 인정한 예가 없었다. 전례가 없는 것은 당연하다. 종교 활동은 인위적인 법적 조직에 따른 것이 아니라 인간의 특징이기 때문이다. 마셜 대법원장이 약 200년 전 말했듯 회사는 '보이지도 않고, 만질 수도 없으며, 법의 숙고 안에서만 존재하는 인위적 존재다.'

수정헌법 1조의 종교 자유 보호는 교회와 여타 비영리 종교 조직을 보호한다는 것을 대법원은 인정했다. … 오늘까지 '영리를 위한 상업계'에서 영업을 하는 독립체에 종교적 근거의 예외가 적용된 적이 없었다.

그 이유는 분명하다. 종교 조직은 영리회사가 아니라 같은 종교를 믿는 개인의 이해관계를 증진하기 위해 존재한다. 영리회사 근로자는 보통 같은 종교 집단에 속하지 않는다. 사실 법적으로 영리회사의 노동력에 종교를 근거로 한 기준을 적용할 수는 없다. 동일한 종교를 믿는 신자 집단과 다양한 종교를 믿는 사람들을 포괄하는 집단의 차이가 분명한데도 대법원은 이를 무시하고 있다. 대법원이 이 핵심적인 차이를 눈여겨보지 않는 이유를 도무지 알 수 없다.

종교 자유 회복법을 이용해 영리회사에 종교에 근거한 예외를 허가하는 행위는 국회가 보존하고자 한 스미스 재판 이전 판례를 무시하는 것이다. 국회가 종교 자유 회복법을 통해 그토록 큰 변화를 불러오고자 했다면, 입법안에 그에 대해 분명히 표시했을 것이다. … 종교 자유 회복법에는 그런 내용이 없으며 입법상 기록에는 영리회사에 대한 언급조차 없다. …

종교 자유 회복법이 영리회사에도 해당된다는 대법원의 판결은 바람직하지 않은 영향을 미칠 것이다. 대법원은 소수 주주 지배 회사로 한정하고자 하지만, 그 논리는 공기업과 사기업, 규모를 막론하고 모든 회사에 해당된다. 종교 자유 회복법을 해석하며 발생하는 오류가 더해진 대법원의 포괄적 회사 개념으로 인해 영리 기관은 신앙에 방해가 된다고 여기는 규정에서 벗어나고자 할 것이므로, 틀림없이 종교 자유 회복법을 주장하는 회사가 늘어날 것이다.

2

호비 로비와 코네스토가가 종교 자유 회복법에 해당하는 '개인'으로 간주된다 하더라도, 피임 보장 요건이 '종교 활동에 심각한 부담'을 준다는 것을 증명해야 한다. …

대법원은 피임 보장 요건에 따라 주어지는 부담이 심각한 수준인지 확인하지 않는다. … 본인은 그린과 한Hahn 일가가 피임에 관련된 종교적 확신을 성실하게 주장했다는 데는 대법원과 의견을 함께한다. … 그러나 그러한 믿음이 아무리 깊다 하더라도 종교 자유 회복법을 적용하기에는 충분하지 않다. 제대로 이해한다면, 종교 자유 회복법은 법정이 사실로 받아들여야 하는 '원고의 신앙이 성실하고 종교적 성격을 갖추었다는 사실에 근거한 주장'과 법정이 확인해야 하는 '원고의 종교 활동이 심각하게 부담을 진다는… 법적 결론'을 구별한다.

… 오늘의 판결은 고소인의 종교적 성실성과 고소인에게 가해진 부담의 정도를 구별하는 것을 완전히 생략했다.

대법원에서 포기한 확인 작업을 한 뒤, 본인은 그린과 한 일가의 종교적 반대와 피임 보장 요건의 관계가 심각한 수준이 아니라는 결론을 내린다. 해당 요건은 호비 로비나 코네스토가가 반대하는 피임 도구의 구입이나 사용을 강제하지 않는다. 대신 그 요건은 해당 회사들이 포괄적인 건강보험에 따라 다양한 혜택을 제공하는 불특정 펀드에 돈을 보내게 한다. 환자 보호 및 부담 적정 보호법을 준수하기 위해, 그러한 건강보험은 다른 여러 예방 서비스와 마찬가지로 비용 분담 없이 피임을 보장해야 한다.

중요한 것은 호비 로비나 코네스토가가 아니라 의료 제공자와 협의해 보장을 받는 직원 및 그 부양가족이 이 건강보험의 혜택을 받을지 여부를 직접 결정한다는 사실이다. 호비 로비나 코네스토가 직원의 종교가 그린과 한 일가와 같다면, 당연히 피임을 하지 않아도 된다. … 호비 로비나 코네스토가의 건강보험 혜택을 받는 여성의 피임 여부를 결정하는 데는 정부의 강요를 받지 않으며, 상담한 의사의 조언에 따라 여성이 자율적으로 선택할 것이다.

3

호비 로비와 코네스토가가 심각한 부담 요건을 충족한다는 결론을 내린다 하더라도, 정부는 환자 보호 및 부담 적정 보호법이 제공하는 피임 보장은 공중 보건과 여성 건강에 큰 이해관계가 있음을 증명했다. 이러한 이해관계는 구체적이고 명확하며, 여러 실험 증거를 통해 증명되었다. 개요를 설명하자면, 의무적인 피임 보장은 여성이 원하지 않는 임신으로 자신과 자녀가 겪을 수 있는 건강 문제를 피하게 해준다. 이 보장은 임신하면 위험하거나 생명에 위협을 받는 여성의 건강을 지키는 데 도움을 준다. 그리고 특정 암, 생리불순, 골반통 등 임신과 무관한 질병에 대한 혜택도 확보해준다. …

대법원도 결국 핵심적인 부분에 대해서는 인정한다. 종교 자유 회복법을 적용함으로써 '협상이 이루어지는 경우 비수혜자에게 부담이 될 수 있음을 적절히 고려해야 한다.' 어떤 전통도, 종교 자유 회복법에 따라 내린 어떤 이전 판결도 그 협상이 타인─즉 피임 보장 요건이 보호하고자 하는 사람들─에게 위해를 가할 때는 종교에 근거한 배제를 허용하지 않는다.

4

중대한 이해관계가 있다고 가정한 뒤, 대법원은 피임 보장 요건이 종교 자유 회복법의 최소 제한 수단 테스트를 통과하지 못한다고 판단한다. 그러나 정부는 (1) (임신 중지를 일으킨다고 믿는) 특정 피임 보험 보장을 제공하는 데 대한 고소인의 종교적 반대를 만족시키면서 (2) 여성 피고용인이 비용 부담 없이 건강과 복지를 지키는 데 필요한 예방적 치료이자, 환자 보호 및 부담 적정 보호법의 피임 부담 요건의 목적을 수행하는, 덜 제한적인 동시에 효과적인 수단이 없다는 것을 증명했다. '최소 제한 수단'은 고용주가 거리낌 없이 종교 교리를 지키기 위해 피고용인에게 연방 법으로 지정한 혜택을 포기하라고 강요할 수 없다.

대법원이 커터^{Cutter} 재판에서 분명히 했듯, 정부가 보편 적용 법에서 종교에 근거해 예외를 허락하는 권한은 국교 금지 조항에 따라 제한된다. … 따라서 한 사람의 종교 자유 권리는 다른 시민의 권리와 조화를 이뤄야 하고, '일부 종교 활동은 다수의 이익에 양보해야 한다.'

그렇다면 대법원의 판결은 (고용주와 같은 신앙 생활을 하지 않는 피고용인 대신) 정부가 돈을 내라는 것이다. … 그러나 환자 보호 및 부담 적정 보호법은 '피고용인이 최소한의 실생활 및 행정 장애만 직면하도록' 기존 고용주에 기초한 건강보험 체계를 통해 예방 서비스를 보장할 것을 요구한다. '여성이 정부가 자금을 대고 행정을 담당하는 새로운 건강보험에 대해 알고 등록하도록 함'으로써 여성이 혜택받는 것을 방해한다는 사실은 국회가 생각하지 않았던 문제다. …

그리고 '정부가 지불하게 하자'는 대안의 범위는 어디인가? 한 고용주가 성실하게 지키는 신앙이 백신 보험 보장이나 최소 임금 지불, 여성에게 지급하는 평등한 임금에 방해받는다고 가정하자. 고용주가 종교 때문에 주지 않는 돈이나 혜택을 정부가 제공하게 하는 것이 덜 제한적인 대안이 될 수 있는가? …

만약 피고용인들이 스스로 (회사가 반대하는) 피임법을 구하고 비용을 지불해야 한다면, 세금 감면이 덜 제한적인 대안이 될 거라고 코네스토가 측은 주장한다. 물론 세금 감면은 '정부가 지불하는' 방법 중 하나다. 기존 고용주 기반 건강보험 체계에서 벗어나는 것에 더해, 코네스토가의 대안은 여성이 처음 자기 주머니에서 돈을 꺼내게 하고, 세금 감면 혜택을 받지 못하는 극빈층 여성에게는 아무것도 해주지 못할 것이다.

국회가 성취하고자 하는 것, 즉 고용주 기반 건강보험을 통한 포괄적 여성 대상 예방 보건의 관점에서 봤을 때, 제안한 대안 중 그 무엇도 국회가 응답한 이해관계를 충족하는 것은 없다.

IV

스미스 재판 이전 판결 중 종교 자유 회복법이 보호한 것으로 '미국 대 리^United States v. Lee' 재판(1982)이 있다. 농업 및 목수업에 종사하는 자영업자 리는 아미시 교파의 일원이었다. 그는 피고용인에게서 사회보장 세금을 징수하거나 그 세금에서 고용주의 몫을 내는 것이 아미시 교리에 위배된다고 굳게 믿었다. 본 대법원은 사회보장제도의 의무가 리의 신앙과 상충한다 해도, 그 부담이 위헌이 아니라고 판단했다. 정부는 리의 판례에 따라 호비 로비와 코네스토가가 제기한 고소를 기각해야 한다고 촉구한다. 그러나 오늘 대법원은 리의 재판은 탈세에 관련된 것이었다고 일축한다. 실제로 그것은 탈세 재판이었고 리 재판에서 대법원은 '세금 분야에 신앙을 수용하는 어려움'에 대해 말했다.

그러나… 대법원은 리 재판에서 고용주의 종교에 따라 예외를 허가하는 것이 '피고용인에게 고용주의 신앙을 강요하는 압력으로 작용'할 수 있다고 인정했다. 그린 일가와 한 일가, 그들의 신앙을 공유하는 이들은 문제의 피임법을 거부할 수 있다. 그러나 그 선택을 신앙이 다른 피고용인에게 강요할 수는 없다. …

… 종교를 근거로 보편 적용 법에서 면제를 원하는 상업

회사는 호비 로비와 코네스토가뿐만이 아니다. 대법원은 어떤 종교는 수용하고 어떤 종교는 수용하지 않을지 어떻게 결정하는가? '법원은 종교 주장의 타당성을… 결정해서는 안 된다'는 조항에 미루어, 대법원은 그런 판단을 내릴 수 없는 것이 아닌가?

대법원이 특정 피임법 사용에 예외를 인정한다면, 종교를 근거로 수혈(여호와의 증인), 우울증 치료제(사이언톨로지), 마취제, 정맥주사제, 젤라틴으로 코팅한 알약 등 돼지를 이용한 약품(특정 무슬림, 유대인, 힌두교인)과 백신(크리스천 사이언스 등)에도 예외를 인정할 것인가? 호비 로비 측 변호인에 따르면 '이 모든 재판은 저마다… 중대한 이해관계 – 최소제한 대안 테스트를 적용해… 자체 평가받아야 한다.' 오늘의 판결에 구속되는 하위 법정에는 별로 도움될 것이 없다.

그러나 대법원은 염려할 것이 없다고 본다. 오늘 재판은 '피임 도구 제공 의무에만 관여'한다고 대법원은 결론을 내린다. 종교 자유 회복법의 목적을 이루기 위해 여성 보건과 안녕에 대한 이해관계가 중요한 역할을 한다고 대법원은 주장하며, 그 이해관계를 위한 적절한 수단, 즉 국회가 여성 보건 수정안을 채택하도록 만들 수단은 내놓지 못했다.

'서로 다른 종교적 주장이 지니는 상대적 장점'이나 그 종교를 믿는 진심을 평가하는 일을 법원에 맡기지 않는 데 중대한 이해관계가 있다고 본인은 믿는다. 사실 일부 종교의 주장은 허용하는 반면 다른 것은 수용할 가치가 없다고 판단하는 것은 '한 종교에 특혜를 주는 것으로 간주'될 수 있으며, 이는 '국교 금지 조항이 방지하고자 하는 위험'이다. 대법원은 종교 자유 회복법을 부적절하게 해석함으로써 지뢰밭으로 들어간 것이 아닌가 싶다. 종교를 근거로 한 예외는 '종교적 목적에서' 이루어졌으며 '종교의 목적을 주로 수행하며', '명목 이상 상품이나 서비스를 화폐와 교환하지…' 않는 조직에 국한해야 할 것이다.

　이런 이유에서 본인은 제10 순회항소법원 판결에 반대하고 제3 순회항소법원 판결에 찬성하는 바다.

홀 우먼스 헬스 대 헬러스테트(2016)
동의 의견

2013년 텍사스주는 임신 중지 시술을 위해 의사들이 근처 병원과 제휴해야 하며 임신 중지 시술소는 특정 외과 수술 시설에 관련된 주 기준에 부합해야 한다는 법을 통과시켰다. 그 법의 지지자들은 임신 중지 시술을 안전하고 적절하게 행하도록 하기 위해서라고 주장했다. 반대자들은 그 요건이 여성이 합법적 시술을 받기 어렵게 만들기 때문에 부당하다고 했다. 대법원은 5 대 3으로 반대자 편을 들어 해당 법을 위헌으로 판결했다. 브레이어 대법원장은 텍사스의 해당 법이 보건 환경을 개선하기 위한 주 정부의 이해관계에 도움을 주지 않고, 헌법이 보장하는 임신 중지 권리를 실행하는 데 '큰 장애'가 된다고 했다. 여기서 긴즈버그 대법관은 동의 의견을 통해 오늘날 임신 중지 시술이 매우 안전하며, 임신 중지를 제한하려는 목적이 뚜렷한 법은 로 재판과 케이시 재판의 판례에 따라 유지될 수 없다고 강조한다.

H. B. 2라는 텍사스주 법 때문에 임신 중지 시술을 시행하는 시술소와 의사의 수가 줄어들 것이다. 텍사스주는 H. B. 2의 규제가 임신 중지 시술 합병증을 겪는 여성의 건강을 보호하므로 합헌이라고 주장한다. 실상은 '임신 중지 시술 합병증은 드물고 위험한 경우가 거의 없다.' 출산을 포함한 여러 의료 시술이 환자에게 훨씬 더 위험하지만 응급–외과 센터나 병원 입원 특권 요건에 해당하지 않는다. … 그러한 현실에 비추어 H. B. 2가 여성의 건강을 보호한다고 믿기 어려우며, 해당 법은 '여성이 임신 중지 시술을 받기 어렵게 만들 뿐'이다. 주 정부가 안전하고 법적인 시술에 대한 접근을 심하게 제한하면 시술이 절실한 여성은 무허가 의사를 찾아 자신의 건강과 안전에 심각한 위협을 가할 수 있다. 본 대법원이 '로 대 웨이드'(1973) 재판과 '사우스이스턴 펜실베이니아주 가족계획 대 케이시'(1992)의 판례를 고수하는 한 '보건을 위해서는 도움이 되지 않으며 임신 중지에 방해만 되는' H. B. 2 같은 임신 중지 시술 제공자를 겨냥한 규정은 사법적 검토에서 살아남을 수 없다.

지금 와서 돌아보면, 독립선언 시절의 성취에는 여러모로 한계가 있었던 것이… 사실입니다. 당시 '우리 국민'은 오늘날의 국민과 달랐습니다. 그 문제에 대해 가장 유려하게 말한 분은 서굿 마셜 대법관이었습니다. 헌법 제정 200주년 기념식 중 헌법 찬양가가 울려 퍼질 때, 그는 미국 헌법이 이룬 즉각적인 성취에는 그 자체에 한계와 맹점이 있음을 상기시켰습니다. 그러나 그는 이 헌법의 진정한 미덕은 해석, 헌법 수정, 국회가 통과한 법을 통해 '우리 국민'의 범위가 지속적으로 커지게 한다는 점이라고 했습니다. 여기에는 이제 한때 족쇄를 찼던 사람들도 포함됩니다. 처음에는 정치계에서 배제되었던 여성도 포함됩니다.

루스 베이더 긴즈버그,
1993년 7월 20일, 상원 인준 청문회

제3부	

선거권과
시민권

애더런드 건설사 대 페냐(1995)
소수 의견

———— 본 재판 당시 대부분의 연방 정부 계약에는 '사회적, 경제적 약자'와 함께 일하는 계약사에 자금 지원 우대를 해 주는 조항이 포함되어 있었다. '계약사는 사회적, 경제적 약자에 흑인, 남미계, 원주민, 아시아 태평양계, 그 밖의 소수자 집단을 포함한다고 간주한다. …' 당시 소수자 중심의 곤잘러스 건설사를 선택하면 계약사는 추가금을 받을 수 있었고, 이 때문에 곤잘러스사는 애더런드사 대신 선정되었다. 대법원은 인종에 근거한 분류 체계가 평등 보호 조항에 따른 엄밀한 검토 후에는 유지될 수 없다면서 애더런드사의 편을 들어주었다. 대법원은 인종만 근거로 하도급사를 '약자'라고 볼 수 없었다.

긴즈버그 대법관은 평등 보호 조항이 인종이나 젠더를 무시하기 위한 것이 아니라는 견해를 피력하며 반대했다. 오히려 해당 조항은 전통적으로 사회에서 주변화되어온 집단의 평등을 증진하기 위한 정책을 요구한다.

　수터 대법관의 설명에서, 그리고 정치 부서들이 현재 사회적 약자 우대 정책에 보이는 관심에 미루어, 본인은 대법원이 본 재판처럼 개입할 중대한 이유가 없다고 본다. 이 분야에서 '오랜 시간 지속된 인종차별을 극복하기 위해 국회가 기관으로서 지니는 능력과 헌법이 부여한 권한'에 대해 사법부가 옹호해주어야 한다는 스티븐스 대법관의 의견에 동의한다. 본 재판에서 드러난 몇 가지 견해 차가 아니라, 대법원의 다수 의견에서 드러난 상당한 동의―공통적인 이해와 관심사―를 강조하기 위해 따로 의견을 적겠다.

I

　대법원이 시사하듯 여기서 쟁점이 된 법과 규정은 '불운한 현실'에 대응해 정치 부서들이 채택한 것이다. 바로 '이 나라 소수집단에 대한 인종차별 관행과 영향력이 불운하게도 사라지지 않는 것'이다. 미국은 '우리는 한 인종이다'라는 생각을 포용하지 못했기 때문에 이러한 영향을 받고 있다. 여러 세대에 걸쳐 국회의원과 판사는 이 나라에 더 우수한 인종도, 열등한 인종도 없다는 말을 하지 못했다. '플레시 대 퍼거슨^{Plessy v. Ferguson}' 재판에서 본 대법원은 억압적인 인종 분리를 지지했다. '색맹인' 헌법의 옹호자 할란 대법관은 이와 같은 현실에 대해 다음과 같이 말했다.

> 이 나라에서 백인은 스스로 지배 인종이라고 여긴다. 그리고 그들이 누리는 특권과 성취, 교육, 부와 권력에 비추어 보면 그것이 사실이다. 따라서 본인은 그 위대한 유산을 지키고 헌법적 자유의 원칙을 고수한다면 앞으로도 영원히 그렇게 되리라고 믿어 의심치 않는다.

버지니아주가 인종 간 결혼을 위헌으로 간주해 금지한 것에 대해 이루어진 '러빙 대 버지니아주^{Loving v. Virginia}' 재판(1967) 전까지는 헌법과 본 대법원이 '백인 우월성을 유지하기 위해 고안된' 어떤 조치도 용인하지 않을 것이라고 그 누구도 확신할 수 없었다.

까다로운 본 재판에서 의견이 갈렸다고 해서, 인종차별에 대한 대법원의 인식과, 차별을 철폐할 뿐만 아니라 그에 대응하기 위해 적극적으로 행동할 국회의 권한을 다수가 인정하고 있다는 사실을 간과해서는 안 된다. 최근에서야 종식된 인종차별적 체제를 반영하는 이러한 영향력은 직장, 시장, 이웃에서 확연히 드러난다. 똑같은 이력서와 자격, 면접 방식으로 입사 시험에 응시하는 취업 준비생들이 아직도 인종에 따라 다른 결과를 경험하고 있다. 백인 소비자와 흑인 소비자는 여전히 다른 대우를 받는다. 집을 구하는 유색인은 집주인, 부동산 중개업자, 대출업자에게 차별 대우를 받는다. 소수집단의 기업가는 낮은 가격을 제시해도 계약에 실패하기도 하며, 계약에 성공했더라도 일하지 못하기도 한다. 전통적이고 관습적인 사고방식이 반영된 의식적, 무의식적 차별은 평등한 기회와 차별 금지가 법과 관행이 된다면 반드시 무너져야 하는 벽을 세우고 있다.

이러한 역사와 거기서 비롯된 결과에 비추어, 국회는 1868년 이후 수정헌법 14조가 약속한 '법의 평등한 보호'를 실현할 수 있는 것은 세심하게 계획한 차별 철폐 프로그램뿐이라는 결론을 내릴 것이다.

II

다수 의견은 정부의 인종 분류에 대한 사법 검토 기준에 '엄격한 검토'라는 용어를 사용한다. 그러나 엄격한 검토를 발표하면, 우리 사회에서 차별을 겪어온 단체에 부담을 주는 분류가 '치명적'인 것임을 강하게 시사한다. 그것이 '고레마쓰 대 미국^{Korematsu v. United States}' 재판(1944)에서 얻어야 할 잊을 수 없는 교훈이라고 본인과 대법원은 생각한다. 그 재판에서 대법원이 '가장 엄격하다'고 한 검토는 그럼에도 끔찍하고 해로운 인종 분류를 통과시켰기 때문이다. 본인이 본 재판의 의견서를 읽고 있는 지금, 고레마쓰식 분류는 다시는 통과할 수 없을 것이다. 그러한 분류, 역사와 판례는 금지되는 것이 마땅하다.

그러나 '우리가 하나의 인종'이 되는 날을 앞당기기 위한 분류를 위해, 다수 의견은 '엄격한 검토'가 '사실상 치명적'이라는 생각을 일축했다. 대법원의 다수는 실제로는 해롭지만 무해한 척하는 분류를 찾아내기 위해 엄중한 검토를 촉구한다. 대법원이 한때 느슨했던 성별에 근거한 구별을 검토하고 난 후 그러한 의구심이 필요하다는 사실이 증명되었다. … 따라서 오늘 판결은 엄격한 검토의 목적이 '정부의 의사 결정에서 인종의 합법적 이용과 비합법적 이용을 구별하고' '정부의 인종 이용이 허용 가능한지 불가능한지 '구별하며'' '출입 금지 표지와 웰컴 매트'를 구별하기 위해서라는 것을 밝힌다.

면밀한 검토 역시 이러한 이유에서 필요하다. 수터 대법관이 지적하듯, 그리고 바로 이 재판이 보여주듯, 역사적으로 혜택을 누려온 인종 중에는 인종차별이 남긴 영향에 대응하기 위해 고안한 방법에도 상처받는 사람들이 있다. 대법원의 검토는 타인의 기회를 부당하게 짓밟거나 한때 혜택을 받던 단체의 구성원이 지니는 합법적 기대에 지나치게 가혹한 간섭을 하지 않도록 특혜의 범위를 조정해야 한다.

본 재판에서 고소당한 프로그램을 건드리지 않고, 정치 부서로 하여금 개선하도록 하지만, 오늘 내린 판결은 우리 판례가 진화하도록, 변화하는 조건에 맞추어 대응하도록 해주는 것이라고 생각하는 바다.

옴스테드 대 L. C.(1999)
다수 의견

─────── 긴즈버그 대법관은 초기에 젠더 평등에 집중했지만, 그녀가 생각하는 평등은 한 가지 형태의 차별만 종식시키는 것이 아니었다. 장애인은 오랜 세월 다양한 공적 생활을 할 수 없었다. 이에 1990년 국회는 고용, 교통, 정부 서비스와 그 밖의 분야에서 장애에 근거한 차별을 금지하는 전면적인 법, 즉 장애인법을 통과시켰다. 그러나 그것만으로는 차별이 완전히 사라지지 않았다. 이 재판에서 심리적 장애를 겪는 두 여성이 지역사회를 기반으로 한 지원을 받을 만큼 상태가 안정되었다는 전문가들의 진단을 받았다. 그러나 두 사람 모두 본인 의지와 달리 시설에 수용되어 있었다. 긴즈버그 대법관의 다수 의견은 적절한 상황에서 장애인법이 장애가 있는 환자가 지역사회에 기반한 보호를 선택할 수 있도록 보장할 것을 요구한다. 환

자에게 시설 수용 외의 선택을 할 여지를 주어야 한다. 이 재판에서는 (평등 보호 조항이 아니라) 장애인법의 법적 근거에 따라 판결이 났지만, 미국 법에서 평등을 중심으로 삼아야 한다고 믿는 긴즈버그 대법관의 생각을 잘 보여준다.

본 재판은 1990년 장애인법의 공공 서비스 부문(제2편)에 포함된 차별 금지 조항에 대한 것이다. 구체적으로 우리는 차별 금지 조항이 정신적 장애가 있는 이들을 기관이 아닌 지역사회에서 보호할 것을 요구하는지 묻는 질문에 맞닥뜨린다. 대답은 '그렇다'이다. 주 정부의 치료 전문가들이 적절하다고 판단하고, 기관 보호에서 제한이 적은 환경으로 옮기는 데 당사자가 반대하지 않으며, 주 정부와 다른 장애인들의 요구를 충족시키는 자원을 고려해 적절히 수용할 수 있다면, 이 조치는 적법하다. 이와 같이 판결하는 데 있어, 우리는 제11 순회항소법원 판결에 상당 부분 동의한다. 그러나 주 정부에서 다양한 정신장애를 겪는 이들의 보호와 치료를 위한 시설의 범위와 일정 서비스를 제공할 의무에 비추어, 적절한 조치를 더 고려하도록 본 재판을 방면하는 바다.

I···

장애인법 첫 조항에서 국회는 해당 법의 모든 부분에 적용할 수 있는 판결 내용을 적었다. 본 재판과 가장 밀접한 관계가 있는 부분은 다음과 같다.

(2) 역사적으로 사회는 장애인을 고립시키고 분리하는 경향이 있었고, 개선된 면이 있긴 하지만, 그런 형태의 장애인 차별은 아직도 심각하고 만연한 사회문제가 되고 있다.

(3) 장애인에 대한 차별은··· 시설 수용 등 주요 분야에서 계속되고 있다. ···

(5) 장애인은 의도적 배제, ···기존 시설과 관행의 개선 실패, ··· 분리 등 다양한 형태의 차별을 겪고 있다. ···

당시 국회는 고용, 정부 단체가 제공하는 공공 서비스, 민간 기업이 제공하는 공공 숙박 시설에서 차별을 금지했다. 해당 법의 목적은 '장애인에 대한 분명하고 포괄적인 전국적 명령을 규정하는' 것이다.

본 재판은 장애인법의 공공 서비스 부문 적용을 명시한 제2편에 관한 것이다. 쟁점이 되는 제2편의 조항은 다음과 같다.

> 본 조목의 조항에 의거해 장애인 중 자격을 갖춘 이는 누구든 그 장애로 공적 단체의 서비스, 프로그램, 활동 참여에서 제외되거나 혜택을 거절당해서는 안 되며, 그러한 단체에 의해 차별받아서는 안 된다.'

제2편은… '자격을 갖춘 장애인'을 '규칙, 정책, 관행의 적절한 수정, 건축상의, 의사소통의 혹은 교통수단에서의 장애물 제거, 혹은 보조적인 도움과 서비스가 제공되거나 제공되지 않을 때, 공공단체가 제공하는 서비스를 받거나 프로그램 또는 활동에 참여하는 데 필요한 기본적인 요건을 충족하는 장애인'으로 정의한다. 차별 금지 위반 배상에 대해 국회는 1973년 사회 복귀법에 따라 이용 가능한 해결책을 언급했다.

국회는 법무부 장관에게 차별 금지를 포함한 제2편의 실행 조항 규정을 발표하도록 지시했다. …

국회에서 지시한 대로, 법무부 장관은 '통합 규정'이라고 부르는… 것을 포함한 제2편 규정을 발표했으며, 이는 다음과 같다.

공공단체는 자격을 갖춘 장애인의 요구에 적절하고 가장 통합적인 환경에서 서비스, 프로그램, 활동을 운영해야 한다.

법무부 장관의 제2편 규정 전문은 '자격을 갖춘 장애인의 요구에 적절하고 가장 통합적인 환경'을 '장애인이 비장애인과 온전한 범위에서 상호작용할 수 있도록 하는 환경'을 뜻한다고 정의한다. 또 다른 규정은 공공단체에게 '근본적 변경'을 수반하지 않는 한 '장애에 근거한 차별'을 피하도록 '합리적 수정을 하라'고 요구한다. 여기서 '합리적 수정 규정'은 다음과 같다.

공공단체는 수정 조치가 서비스, 프로그램, 활동의 본질을 근본적으로 바꾼다는 사실을 증명할 수 없다면, 장애를 근거로 한 차별을 막는 데 필요한 정책, 관행, 절차를 합리적으로 수정해야 한다.

우리는 여기서 타당성을 결정하지 않는다는 통고와 함께 이 규정을 나열한다. 양측이 규정의 적절한 구성과 집행에 관련해 의견 차이를 보이지만, 청원인들이 국회의 승인 범위 밖 규정 내용을 고소하는 것은 이해할 수 없다.

II

핵심 입법 조항을 검토한 결과, 이 분쟁의 저변에 있는 사실은 다음과 같이 요약된다. 피항소인 L. C.와 E. W.는 정신지체 여성이다. L. C.는 정신분열증 진단을 받았고 E. W.는 인격 장애 진단을 받았다. 두 여성 모두 시설에서 치료받은 적이 있다. 1992년 5월, L. C.는 애틀랜타의 조지아 지역 병원(GRH)에 자발적으로 입원했고, 정신과 병동에서 치료받았다. 1993년 5월, 그녀의 정신 상태는 안정되었고 조지아 지역 병원 치료 팀은 주 정부가 지원하는 지역사회 기반 프로그램으로 옮기는 데 동의했다. 이 평가에도 L. C.는 주 정부가 지역사회 기반 치료 프로그램에 배치한 1996년 2월까지 시설에 남아 있었다.

E. W.는 1995년 2월 자발적으로 조지아 지역 병원에 입원했고 L. C.와 마찬가지로 정신과 병동에서 치료받았다. 1995년 3월, 조지아 지역 병원은 E. W.를 노숙자 보호소로 퇴원시키려 했으나, 그녀의 변호사가 행정 고소를 제기하자 계획을 포기했다. 1996년, E. W.를 치료한 정신과 의사는 지역사회에서 적절한 치료를 받을 수 있다고 결론 내렸다.

그럼에도 그녀는 지방법원이 1997년 본 재판의 판결을 내린 지 몇 달이 지난 뒤까지 시설에 남아 있었다.

1995년 5월, L. C.는 조지아 지역 병원에 수용되어 있던 중 분리된 환경에 계속 감금된 것에 대해 미국 지방법원 조지아주 북부 지구에 소송을 제기했다. … L. C.는 전문가가 적절하다고 결정했는데도 주 정부가 자신을 지역사회 기반 프로그램에 인계하지 않은 것은 장애인법 제2편을 위반한 것이라고 주장했다. L. C.는 특히 주 정부에게 자신을 지역사회 보호 거주 프로그램에 배치하고, 사회 주류에 편입되는 최종 목표를 이루기 위해 치료를 받을 수 있게 해달라고 요청했다. E. W.는 똑같은 주장을 하며 소송에 합류했다.

지방법원은 L. C.와 E. W.의 손을 들어 부분 약식 판결을 내렸다. 법원은 주 정부가 L. C.와 E. W.를 적절한 지역사회 기반 치료 프로그램에 인계하지 않은 것은 장애인법 제2편을 위반한 것이라고 판결했다. …

… 주 정부의 '근본적 변경'에 의거한 변호를 기각하며, 법원은 기존 주 정부 프로그램이 L. C.와 E. W.에게 지역사회 기반 치료를 제공해야 하고, 주 정부는 '항소인들을 시설에 수용하는 데 소요되는 비용보다 상당히 적은 비용으로 지역사회 내에서 서비스를 제공'할 수 있다고 설명했다.

제11 순회항소법원은 지방법원의 판결을 확인했지만, 주 정부의 비용에 근거한 변호 재검토를 위해 방면했다. …

우리는 미국과 해당 개인에게 제기한 질문의 중대성을 고려해 이송 명령을 내렸다.

III

제2편의 실시 규정을 발표하라는 국회의 지시에 따라, 통합 및 합리적 수정 규정에 대해 법무부 장관은 크게 두 가지 결정을 내렸다. 첫째는 장애인법의 차별 금지 범위에 대한 것이었다. 둘째는 차별에 대응하는 주 정부의 의무에 대한 것이었다. 첫째 사항에 대해 법무부 장관은 개인을 부당하게 시설에 수용하거나 감금해 지역사회 노출을 심하게 제한하는 경우, 제2편이 금지하는 장애에 근거한 차별에 해당된다고 결론 내렸다. 장애인의 부당한 소외를 막아야 하는 주 정부의 의무에 대해 법무부 장관은 '서비스, 프로그램, 활동의 본질을 근본적으로 변경할' 수정에 대해서만 반대할 수 있다고 규정했다.

항소법원은 법무부 장관이 정한 장애인법을 본질적으로 지지했다. …

우리는 항소법원의 결정에 상당 부분 동의한다. 부당한

소외는 장애에 근거한 차별로 간주해야 한다. 그러나 다양한 정신장애를 겪는 사람들의 보호와 치료를 위한 시설을 유지해야 하는 주 정부의 요구와 공평한 서비스를 실시해야 하는 의무도 인정한다. 따라서 우리는 항소법원의 지시가 부당하다고 판단한다. 주 정부가 근본적 변경에 기초해 내놓은 변호를 평가할 때, 지방법원은 주에서 이용 가능한 자원을 고려해 소송인들에게 지역사회에 기반한 보호를 제공하는 데 소요되는 비용뿐 아니라 주 정부가 통상적으로 정신장애가 있는 이들에게 제공하는 서비스의 범위는 물론, 그러한 서비스를 평등하게 제공해야 하는 주 정부의 의무까지 고려해야 한다.

A

우선 제11 순회항소법원의 결과와 같이, 부당한 시설 감금이 '장애에… 근거한' 차별에 해당하는지 조사한다. 제2편을 실행하는 규정을 발표하도록 국회가 지시한 기관은 법무부이므로, 법무부의 견해를 존중해야 한다. …

주 정부는 L. C.와 E. W.가 장애 때문에 지역사회 배치를 거절당한 것이 아니므로 '장애에 근거한' 차별을 당한 것은 아니라고 주장한다. '차별은 비슷한 상황의 개인을 평등하게 처우하지 않은 것'이므로 그들이 '차별'을 당한 것도 아니라고 주장한다. L. C.와 E. W.에게는 비교 대상, 즉 그들과 비슷한 상황에 처했지만 더 나은 대우를 받은 개인이 없기 때문이다. 우리는 국회가 장애인법에서 정한 차별 개념을 더욱 포괄적으로 본 것에 만족한다.

… 궁극적으로 1990년 제정된 장애인법에서 국회는 공공단체에 차별을 자제하도록 요구했을 뿐 아니라, 전체 법규에 적용 가능한 사실과 관련해 국회는 장애인의 부당한 '분리'도 '차별의 형태'로 규정했다. …

장애인을 부당하게 시설에 격리하는 것이 차별이라는 인정에는 두 가지 판단이 반영되어 있다. 첫째, 지역사회 환경을 감당할 수 있고 거기서 혜택을 입을 수 있는 사람들을 시설에 격리하는 것은 그들이 지역사회 활동에 참여할 수 없거나 그럴 가치가 없다는 부당한 가정을 확산시킨다. … 둘째, 시설 감금은 가족 관계, 사회생활, 근로, 경제적 독립, 교육, 문화 향유 등 개인의 일상생활을 심각하게 침해한다. 이런 중요한 점에 있어서 다른 처우도 존재한다. 정신장애가 있는 사람은 의료 서비스를 받기 위해 시설 외 수용이 이루어진다면 향유할 수 있는 지역사회 활동 참여를 포기해야 한다. 반면 정신장애가 없는 사람들은 이런 희생 없이 필요한 의료 서비스를 받을 수 있다. …

　장애인법이나 그 시행 규정이 지역사회 환경을 감당할 수 없거나 거기서 혜택을 받을 수 없는 이들이 시설에 수용되지 못하는 상황을 용인하는 것은 아님을 강조하는 바다. 제2편은 '자격을 갖춘 장애인'이 '차별'을 받으면 안 된다고만 규정한다. 장애인법에서 '자격을 갖춘 장애인'이란 '규칙, 정책, 관행…에 합리적 수정을 가하거나 가하지 않고서, 공공단체가 제공하는 서비스를 받거나 프로그램 또는 활동에 참여하는 데 필요한 기본적인 요건을 충족'하는 장애인이라고 설명한다.

　이 같은 규정에 따라, 주 정부는 개인이 지역사회 프로그램에 참여하는 데 필요한 '기본 요건을 충족'하는지 여부를 결정하기 위해 자체 전문가의 적절한 평가에 의존할 수 있다. 그러한 요건을 충족하지 못한다면, 환자를 제한적 환경에서 다른 곳으로 옮기는 것은 부적절할 것이다. … 그러나 L. C.와 E. W.가 시설 외 보호에 맞는 '자격'을 갖춘 개인이라는 데 대해 논란의 여지가 없다. 주 정부 자체 전문가들은 L. C.와 E. W.에게 지역사회 치료를 제공하는 것이 적절하다고 판단했으며, 두 사람 모두 그러한 치료에 찬성했다.

B

    자격을 갖춘 장애인에게 지역사회 기반 치료를 제공한 뒤 주 정부가 수행해야 하는 의무는 정해져 있다. 합리적 수정 규정은 차별을 피하기 위한 '합리적 수정'이며, 주 정부의 서비스 및 프로그램에 '근본적 변경'을 수반하는 수정에는 주 정부가 반대할 수 있도록 한다. 항소법원은 이 규정이 '극도로 제한된 상황에서만' 비용에 근거한 변호를 허용하도록 하는 것으로 이해했으며, '주 정부의 정신보건 예산에 비추어 L. C.와 E. W.를 지역사회에서 치료하는 데 필요한 추가 비용이 불합리한 것인지' 고려하도록 반려했다.

    항소법원이 합리적 수정 규정을 해석하는 것은 용납할 수 없다. 원고가 추구하는 서비스나 프로그램을 제공받을 자격이 있음을 증명하고 나면 주 정부는 사실상 변호할 방법이 없어지기 때문이다. 한두 사람을 지역사회 기반 프로그램에 배치하는 데 소요되는 비용이 주 정부의 정신보건 예산과 비교해 적절한지 제대로 계산한다면, 근본적 변경에 근거한 변호에 의존하는 주 정부가 승소할 가능성은 없어 보인다. … 합리적 수정 규정 가운데 근본적 변경 부분에 의거하면, 주 정부는 다수의 다양한 정신장애인을 보호, 치료할 의무를 지니고 있으므로 원고를 즉각 구호하는 것이 불공평하다는 것을 증명할 수 있을 것이다. …

　이미 밝혔듯 장애인법의 목적은 주 정부가 수용 시설을 단계적으로 철수하고 철저한 보호가 필요한 환자를 위험에 처하도록 하는 것이 아니다. … 장애인법의 목적이 주 정부가 시설에서 보호 중인 환자를 노숙자 보호소 같은 부적절한 환경으로 옮기도록 하는 것도 아니다. L. C.나 E. W. 같은 이들은 '심각한 심리적 증상을 완화하기 위해' 이따금 시설에서 보호할 필요가 있다. … 다른 이들의 경우, 시설 외 배치가 부적절할 수도 있다.

　다양한 시설을 유지하고 공평한 서비스를 제공하기 위해 주 정부는 하위 법원이 규정하는 것보다 범위가 더 넓은 자유재량권을 행사해야 한다. 예를 들어 주 정부가 자격을 갖춘 정신장애인을 제약이 적은 환경에 배치하는 포괄적이고 효과적인 실행 계획이 있음을 증명하고, 주 정부의 통제 없이 적절한 속도로 이동 중인 대기자로 인원이 차 있다면, 합리적 수정 기준을 적용할 수 있을 것이다. … 그런 상황에서 법원은 지역사회 기반 치료 대기자 명단 맨 위에 있는 대기자를 소송을 제기한 사람보다 뒤로 밀어낼 권한을 행사할 수는 없다.

　이와 같은 이유로 우리는 장애인법 제2편 아래 주 정부의 치료 전문가들이 적절하다고 판단하고 당사자가 치료에 반대하지 않을 때, 그리고 주 정부의 자원과 다른 정신장애인들의 요구를 고려해 적절히 배치할 때, 주 정부는 정신장애가 있는 이들에게 지역사회 기반 치료를 제공해야 한다고 판결한다. 따라서 제11 순회항소법원 판결에 부분적으로 동의하고 부분적으로 여지를 두며, 본 재판은 본 의견과 일치하는 추가 절차를 밟도록 반려하는 바다.

　이와 같이 명령한다.

부시 대 고어(2000)
소수 의견

————— 민주당 후보 앨 고어와 공화당 후보 조지 W. 부시는 2000년 대통령 선거에서 맞붙었다. 역사적 접전을 벌인 선거에서 대통령 선거인단 최종 집계는 플로리다주 최종 투표수 논란으로 이어졌다. 재검표를 놓고 일어난 다툼이 결국 대법원까지 갔다. 대법원은 헌법 원칙에 부합하도록 재검표를 실시하는 경우, 정해진 시한 내에 선거 결과를 발표할 수 없을 것이라고 판결했다. 대법원은 재검표를 판단할 통일된 기준이 없다면 모두의 표가 동일하게 취급되지 않을 것이며, 평등 보호 조항을 위반한다고 덧붙였다. 이 판결로 플로리다주에서 부시가 승리했고, 대통령으로 당선되었다. 긴즈버그 대법관은 소수 의견으로 독특한 입장에 서게 되었다. 평등 보호에 반대하는 주장을 펼친 것이다. 소수 의견에서 그녀는 대법원이 연방주의 원칙을

존중하며 플로리다주 내법원의 판결에 따라 재검표해야 한다고
주장했다.

대법원장은 플로리다주의 선거법 조항이 '한 가지 이상
의 해석을 받아들일 수 있다'고 인정한다. 그러나 주 고등법
원이 내린 주 선거법 해석을 존중하는 대신, 대법원장은 플
로리다주 대법원이 사법 검토의 일반적 관행에서 너무 멀리
벗어나 판결이라 할 수 없다고 주장한다. 내 동료들은 플로
리다주 법에 대해 적절한 해석을 내놓았다. 그들의 해석은
플로리다주 대법원의 법관 일곱 명 중 한 명의 견해와 일치
한다. 본인도 플로리다주 법을 해석한다면, 대법원장의 의
견에 동의할지 모르겠다. 그러나 플로리다주 법에 대한 플
로리다주 법원의 해석에 동의하지 않는다고 해서 대법원의
법관들이 내린 결론이 정당해지는 것은 아니다. 여기서 플
로리다주 고등법원 법관들이 '취임 선서를 지키기 위해 최
선'을 다하지 않았다고 믿을 이유도, 플로리다주 법에 대한
그들의 타당한 해석을 뒤집을 이유도 없다.

본 대법원은 동의하지 않는 법적, 헌법적 해석을 자주 긍
정한다. 가령, 행정기관이 시행하는 법 해석에 대한 소송을
검토할 때, 그 해석이 '분명하게 표현된 국회의 의도'를 위반

하지 않는 한, 그 기관에 따른다. 우리는 '모든 입법 권력은 미국 국회에 주어진다'는 미국 헌법 제1조의 선언에 따른다. 물론 헌법은 주 법에 대한 주 고등법원의 해석보다 연방 법에 대한 연방 행정기관의 해석을 더 존중할 것을 요구하지 않는다. 그리고 종종, 우리가 동의하지 않는 연방 법에 대한 주 법원 해석을 유효하다고 판단한다. …

물론 연방 법의 적용이 주 법의 해석에 달린 경우가 있다. 불가피하게 본 대법원은 연방 법에 따른 권리를 보호하기 위해 주 법을 조사해야 할 때가 있다. 그런 경우 주 고등법원의 주 법 해석을 최대한 존중하고자 유의했다. …

주 법에 관련된 문제에 대해 주 법원의 의견을 따르는 데 있어 우리는 본 대법원이 '관할구역 내 지역 법에 익숙하지 않은 외부인'처럼 행동하고 있음을 인정한다. 그렇기에 우리는 연방 법에 따른 권리가 위험에 처했을 때도 주 최고법원에 주 법의 의미 확인을 맡겼다. … 연방 법의 기저를 이루는 주 법의 쟁점을 판단하는 것은 우리 권한임에도 주 고등법원에 주의 법 문제에 대해 우리에게 알리도록 했다. 그러한 제한이 '협력적인 사법 연방주의를 발전시키는 데 도움'이 되기 때문이다.

바로 지난 회기에만도 '피오리 대 화이트^{Fiore v. White}'(1999)

재판에서 우리는 펜실베이니아주의 증명 절차를 이용했다. 이 사건에서 주 교도소 수감자는 주 정부가 적법 절차 조항을 위반하며 자신이 기소된 죄목의 기본 성립 요소를 증명하지 못했다고 주장하면서 연방 구속 적부심을 신청했다. 주 법 문제를 해결하는 대신, 우리는 그 문제를 펜실베이니아주 대법원에서 담당해 '제기된 연방 헌법 문제에 관한 우리의 결정에 적절한 주 법 근거를 정하는 데 도움'이 되도록 했다. 대법원장이 본 재판에서 플로리다주 법에 대한 플로리다주 대법원의 해석을 뒤엎고자 하는 것은 펜실베이니아주 대법원의 설명을 듣기 전에 펜실베이니아주 법을 해석하지 않으려 했던 피오리 재판 때 보인 우리 입장과 맞지 않는다. 연방 법원이 주 법에 대해 언급할 때 '조심스럽게 접근'해야 한다고 조언하는 것과 '협력적인 사법 연방주의를 발전'시키고자 하는 노력을 고려하면, 더 큰 제한이 필요했을 것이다.

본 대법원이 주 고등법원의 주 법 해석을 기각한 사례는 거의 없다. 대법원장이 인용한 '페어팩스의 수증자 대 헌터의 임차인Fairfax's Devisee v. Hunter's Lessee'(1813) 재판, '미국흑인지위향상협회 대 패터슨을 대신한 앨라배마주NAACP v. Alabama ex rel. Patterson'(1958), '부이 대 컬럼비아시Bouie v. City of Columbia'(1964)

재판은 드문 사례다. 또 이 재판들은 현 상황과는 비교할 수 없는 역사적 맥락에 따른다. 버지니아주 항소법원이 연방 협정으로 확보한 땅을 영국 신민에게서 빼앗기 위해 몰수법을 잘못 해석한 페어팩스의 수증자 재판은 법원에 대한 미국의 떠들썩한 권리 공격 가운데 이루어졌다. 버지니아주 법원은 영국 신민의 상속자에게 판결대로 시행하라는 대법원의 재판 명령을 거부했다. 그 결과로 대법원은 '마틴 대 헌터의 임차인Martin v. Hunter's Lessee'(1816) 재판에서 중대한 판결을 내리게 됐다. 시민권 운동에 대한 남부의 저항 가운데 '쿠퍼 대 애런Cooper v. Aaron'(1958) 재판 3개월 뒤 판결이 나온 패터슨 재판에서, 대법원은 회원 명단 공개를 거부하는 미국 흑인지위향상협회에 대한 법정 모독죄 검토를 거부하기 위해 앨라배마주 대법원이 절차 규정을 불규칙하게 적용했다고 판결했다. 우리는 '해당 주 법원에 의존하는 비연방 토지에 타당하거나 중대한 지원이 없다면, 대법원의 관할권이 무산되지 않는다'라고 말했다. 시민권 운동의 절정기에 간이식당 '농성'에서 시작된 부이 재판은 사우스캐롤라이나 대법원의 침입법 해석—명백한 법 내용이 다루지 않는 행동은 범죄로 간주함—이 '예견할 수 없'으며 따라서 청원인들에게 소급 적용될 때 적절한 절차를 위반한 것이라고 판결했다.

대법원장이 이렇게 드문 사례를 쉽게 언급함으로써, 우리는 주 법에 대한 주 법원의 해석이 헌법에 위배되는 경우가 많으니 회의적으로 보는 눈을 키워야 한다는 교훈을 주는 이와 같은 재판이 많다고 믿게 된다. 그러나 이런 재판을 더 찾기는 매우 어려울 것이다. 브레이어 대법관이 설득력 있게 설명하듯 본건은 특이한 행동을 정당화하려고 주 법원이 고집을 부린 사례와는 공통점이 없다. 플로리다주 대법원은 합법적 표를 집계하는 것이 주 선거법을 제정할 때 플로리다주 입법부가 가장 큰 관심을 보인 부분이었다고 결론 내렸다. 이러한 법원을 흑인을 차별하는 남부의 주 고등법원과 같은 범주로 묶어서는 안 된다.

주 입법기관이 선거인 임명 방식을 지정하도록 함으로써 제2조는 주 법원과 주 입법기관의 관계에 대한 연방 정부의 감독을 인가하고, 우리가 주 법에 대한 주 법원의 해석에 표하는 통상적인 존중에서 벗어날 수 있다고 대법원장은 말한다. … 그러나 우리 헌법 초안자들은 공화국 정부에서 사법부가 입법부의 제정을 따를 것이라고 여겼다. '공화국 정부 형태'의 주에 대한 헌법적 보장에 비추어, 제2조는 본 대법원이 주 정부의 공화 정권을 뒤흔들 수 있다는 뜻으로 해석할 수 없다. 그러나 오늘 대법원장은 바로 그런 해석을 한 셈이다. 제2조가 주의 한 조직을 다른 조직에서 보호하기 위해 주 법에 대한 주 법원의 해석을 대법원이 검토해야 한다고 판단함으로써, 대법원장은 주가 스스로 적절하다고 여기는 대로 조직할 수 있다는 기본 원칙을 부인한다. … 제2조는 본 대법원의 검토를 요구하지 않는다.

본 재판의 독특한 상황으로 올바른 해결을 요구하는 일반 원칙, 즉 연방 법원은 주 자체 법에 대한 주 고등법원의 해석에 따른다는 원칙을 적용하기 어려워졌다. 이 원칙은 모두가 동의하는 연방주의의 핵심을 반영한다. '헌법 입안자들은 주권이라는 입자를 둘로 쪼갰다. 우리 시민이 주와 연방의 두 정치적 지위를 가지고 쌍방의 침입에서 보호받도록 하는 것은 그들의 천재적 아이디어였다.' … 본 대법원의 다른 구성원들이 2개의 주권 체제에 대해 평소처럼 주의한다면 플로리다주 대법원의 판결에 동의할 것이다.

II

본인은 청원인들이 중대한 평등 보호 주장을 제시하지 않았다는 스티븐스 대법관의 의견에 동의한다. 이상적으로 재검표 여부를 판단하는 알맞은 기준은 '완벽'이 되어야 한다.

그러나 우리는 수천 명의 표가 사표가 되는 불완전한 세상에 살고 있다. 플로리다주 법원이 채택한 재검표에 문제가 있기는 하지만 그 재검표 이전에 있었던 선거 증명보다 덜 공정하거나 덜 정확한 결과를 내리라는 데는 동의할 수 없다.

평등 보호를 위반했다 하더라도, 12월 중이라는 데 대한 대법원의 우려가 잘못된 것이라는 스티븐스 대법관, 수터 대법관, 브레이어 대법관의 의견에 동의한다. 시간이 짧은 것은 리온 카운티의 유능한 지역 법원 재판 판사가 재검 과정을 지휘한 지 몇 시간 뒤인 12월 9일, 대법원이 유예를 명령했기 때문이기도 하다. 보다 근본적으로 대법원이 ─ '의도를 찾는 것은 균등한 처우를 위한 구체적인 규칙에 의해 제한될 수 있다'고 시사했음에도 ─ 재검표를 진행하지 않아 해당 절차에 훨씬 밀접한 이들의 판단이 아닌, 재검 실시라는 현실에 대한 대법원 자체 판단을 따르게 된다.

또 브레이어 대법관이 설명하듯 플로리다주 선거인단 투표를 미국 대통령선거법 제5조가 지정한 대로 안전하게 검표하기로 한다면, 12월 12일이라는 날짜는 대법원의 주장만큼 중요하지 않다. 그 날 이후라 해도, 플로리다주는 여전히 상·하원 공히 투표가 '… 표준적으로 이루어진 것이 아니'라고 판단하지 않는 한, 국회가 계산해야 하는 선거인단 투표를 전달할 자격이 있을 것이다. 해당 법은 그 밖의 중요한 날짜를 확인해준다 . … 12월 18일은 선거인들이 '만나서 투표를 하는' 날이며… '12월 넷째 수요일'—올해의 경우 12월 27일—은 주 선거인단 투표를 받지 않은 경우 국회에서 주 장관에게 선거 증명 보고서를 즉각 제출하라고 요청하는 날이다. 그러나 '1월 6일'에 선거인단 투표의 유효성을 결정하기 위한 국회의 세부 규정에 비추어, 이러한 날짜 중 반드시 지켜야 하는 중요한 날짜는 없다.

대법원은 '일어날 수 있는 어떤 쟁점에 대해서도 정연한 사법적 검토'를 할 수 있는 시간이 여의치 않을 것이라고 가정한다. 그러나 플로리다주의 선거 관리인과 본 논란의 모든 편에 선 대리인, 법원이 신의를 지키며 근면하게 의무를 다했음은 아무도 의심하지 않았다. 특히 플로리다주 대법원은 29시간 내에 두 가지 중대한 의견을 내놓았다. 종합적으로 합법적 재검표가 비실용적이라는 대법원의 결론은 대법원의 판단이 시험받도록 하지 않겠다는 예언인 셈이다. 이처럼 검증받지 못한 예언이 미국 대통령을 결정해서는 안 된다.

본인은 반대하는 바다.

리치 대 디스테파노(2009)
소수 의견

애더런드 재판에서 인종 문제를 간과한 것을 긴즈버그 대법관이 반대했다고 해서 2000년대 초에 차별이 철폐된 것은 아니다. 이 재판은 주로 백인으로 이루어진 코네티컷주 뉴헤이븐시의 소방관들이 비백인 후보자를 더 많이 승진시키기 위해 백인의 승진을 승인하지 않았다고 소방서를 고소한 소송이었다. 앤서니 케네디 대법관은 다수 의견을 통해 시 정부는 인종에 근거한 구별을 하지 않는 경우 '간접 차별 책임'을 져야 하는 것이 확실하지 않는 한, 인종에 근거한 구별을 해서는 안 된다고 주장했고, 뉴헤이븐시가 승진 시험을 인증하지 못했다는 이유로 그 시험을 무효화했다. 긴즈버그 대법관은 대법원이 비백인 소방관에게 피해를 준 차별적 관행을 시정하려는 뉴헤이븐시를 방해하고 있으며, 차별 관행에 대한 책임을 피하고자 한 것이 옳았다고 주장하는 반대 의견을 제출했다.

　인종차별 주장을 평가하는 데는 '맥락이 중요하다.' 1972년, 국회는 1964년 민권법 제7편에 공적 채용을 포함시켰다. 당시 뉴헤이븐시를 포함해 전국의 시 소방서에서는 소수자에 대한 차별이 만연했다. 제7편에 소방 관련 직종을 포함시켜도 하루아침에 변하지는 않았다. 소방관직을 얻을 기회를 소수 인종에게 열어주는 데는 제7편에 의거한 소송과 함께 수십 년간 이어지는 노력이 필요했다.

　본 대법원은 뉴헤이븐시의 승진 시험에서 높은 점수를 받은 백인 소방관에게 유감을 표한다. 그러나 그들에게 승진에 대한 기득권이 있는 것은 아니었다. 다른 이들도 그들보다 먼저 승진한 것은 아니다. 뉴헤이븐시는 시험 결과에 근거한다면 제7편 불평등 효과 소송에 불리할 것이므로 시험 결과를 인증하지 않겠다고 주장한다. 오늘 대법원은 뉴헤이븐시가 그 주장에 대해 '강력한 증거'를 제시하지 못했다고 판단한다. 대법원은 '단지 고득점자가 백인이기 때문에 시험 결과를 공개하길 거부한다'고 한다. 대법원의 판결에서 핵심이 되는 그 주장은 뉴헤이븐시에서 실행한 시험에 다양한 결함이 있다는 결정적 증거를 무시한다. 이는 다른 도시에서 시행한, 인종 편향적 결과가 두드러지지 않은 시험도 인정하지 않는 셈이다.

본 대법원의 명령에 따라 흑인과 히스패닉이 인구의 약 60퍼센트를 차지하는 뉴헤이븐시에서는—드러내놓고 차별했던 시절과 마찬가지로—소수 인종 및 소수민족인 자가 소방서 지휘관으로 승진하는 경우가 매우 드물어야 한다. … 대법원의 명령과 의견에는 유지력이 없으리라 예상된다.

I

A

대법원의 설명에는 중요한 부분이 누락되었다. 소방관은 인종차별의 역사가 유난히 유구한 직업이다. 1972년 제7편에 공무원을 포함하면서, 국회는 시 공무원에 대한 인종차별이 '민간 부문보다 더 만연한' 것을 발견한 미국시민권위원회 보고서를 참조했다. … 미국시민권위원회 보고서는 흑인이 '경찰관 혹은 소방관 이상의 직위에 오르지 못하는' '주 혹은 지역 정부의 다른 어떤 부문보다… 큰… 평등 고용 장벽'이 있는 경찰서와 소방서를 지적했다.

뉴헤이븐시도 예외는 아니었다. 1970년대 초, 흑인과 히스패닉이 뉴헤이븐시 인구의 30퍼센트를 차지했지만 그곳 소방서 종사자 502명 중 3.6퍼센트만이 흑인과 히스패닉이었다. 소방관 직위에서 인종 격차는 더욱 두드러졌다. '소방서 소방관 107명 중 흑인은 단 1명이었고, 그중 직위가 가장 낮았다.'

한 건의 소송과 합의 이후, 뉴헤이븐시는 소방서 인력 중 소수자 비율을 높이기 위해 노력했다. 이처럼 소송이 불러온 노력은 일정 부분 긍정적인 변화를 낳았다. 신입 소방대원 중 소수자 비율은 여전히 낮지만, 심각할 정도는 아니다. 2003년 현재, 흑인과 히스패닉은 소방대원 중 각각 30퍼센트와 16퍼센트를 차지한다. 그러나 감독관 직위에서는 여전히 차이가 크다. 전체적으로 상급 소방관 중 흑인이 9퍼센트, 히스패닉이 9퍼센트를 차지한다. … 본 소송에서 평가받아야 하는 승진 절차 차별이 바로 이것이다.

B

뉴헤이븐시는 헌장에 따라 소방관 및 기타 공무원 채용 시 시험을 이용해야 한다. …

뉴헤이븐시는 어떤 종류의 '실용적인' 시험이 소방관의 '의무를 완수할 응시자의 상대적 적합성과 능력을 잘 측정'할지 면밀히 고려하지 않았다. 대신 뉴헤이븐시는 20년 전

지역 소방 근로자 노조와 맺은 계약에 명시된 시험 지침을 그대로 따랐다. 지침 내용은 응시자의 총점 중 60퍼센트는 필기시험, 40퍼센트는 구두시험으로 실시한다는 것이다. 시험 개발사 입찰에서 뉴헤이븐시는 '필기 요소가 60퍼센트, 구두 요소가 40퍼센트인 제안'만 고려할 것임을 분명히 밝혔다. …

뉴헤이븐시가 정한 사양에 따라 IOS는 구두 및 필기시험을 개발·집행했다. 그 결과는 중대한 인종적 차이를 보였다. 부서장 승진 시험에서 흑인 응시자가 통과하는 비율은 백인의 절반 정도였다. 히스패닉 응시자의 비율은 더 낮았다. 서장 승진 시험에서 흑인과 히스패닉 응시자가 통과하는 비율은 백인의 절반밖에 되지 않았다. 더욱 놀라운 것은 부서장 승진 시험 응시자 77명 중 절반이 흑인 혹은 히스패닉이었지만, 그중 한 명도 당시 8개 공석의 조건에 맞지 않았다는 점이다. … 당시 공석이었던 서장직 7개의 경우, 히스패닉 두 명이 조건에 맞았지만 흑인은 한 명도 없었다. …

이렇게 큰 불균형은 제7편의 불평등 영향 규정 아래의 사건임을 본 대법원은 인정한다. 따라서 뉴헤이븐시는 제7편 소송 및 법적책임의 전망에 대해 염려할 여지가 있었다. 시 관리들은 해당 문제를 채용 시험 결과를 승인하는 뉴헤이븐시 공무원위원회에 회부했다.

… 그들의 주요 업무는 시험의 신뢰성에 대해 자신하는지 결정하는 것이었다. 편향적 결과에도 시험이 성공적인 소방관의 자질을 제대로 측정했는가? 다른 시험 절차였다면 이렇게 심각한 인종 편향을 보이지 않고 가장 뛰어난 자질을 갖춘 후보를 찾아냈을까?

이러한 질문에 대한 다양한 변수를 찾기 위해, 공무원위원회는 시험 응시자, 시험 기획자, 과목 전문가, 시 관리, 노조 대표, 지역사회 일원에게 의견을 물었다. …

흑인 전문 소방대원 국제 연합의 노스이스트 지역 대표 도널드 데이는… 두 번째 회의에서 말했다. … 데이는 뉴헤이븐시의 경험과 소수자 소방대원이 부서장 및 서장직의 3분의 1을 차지하는 근처 브리지포트의 상황을 대조했다. 그는 브리지포트도 전에는 뉴헤이븐시와 유사한 시험 절차를 이용해 필기시험 70퍼센트, 구두시험 25퍼센트, 연공서열 5퍼센트로 승진 시험을 구성했다고 말했다. 그러나 필기보다는 구두시험이 소방관이 일하며 마주치는 '현실 시나리오'를 반영한다는 것을 브리지포트는 인정했다. 따라서 브리지포트는 구두시험에 우위를 두도록 '평가 비율을 바꿨다.' 그 후 브리지포트는 시험 결과에서 소수자가 '공정한 비율을 차지'했다고 데이는 보고했다. …

4차 회의에서 공무원위원회는 시험 관련 전문가 3인의 견해를 확인했다. 경찰관 및 소방대원 시험에 관련해 25년 경력을 지닌 산업·조직 심리학 컨설턴트 크리스토퍼 호닉 박사는 해당 시험이 '상대적으로 높은 불리한 결과'를 보였다고 설명했다. … 그는 공무원위원회에 '적용한 절차와 규칙, 시험 유형이 어떻게 불리한 결과를 낳는지 보다 폭넓게' 살펴보기를 권고했다. …

호닉은 필기시험 자체는 '우수'하지만 부서 관리들이 내용을 확인하지 못하게 한 결정은 비난했다. 호닉은 이러한 결정이 '부서와 맞지 않는 과정과 절차를 시험'하도록 한다고 주장했다. …

…국토안보부 전문가이자 미시간주 전직 소방관 빈센트 루이스는… 응시자들이 학습 자료에 평등하게 접근할 수 있는지 고려하라고 공무원위원회에 촉구했다.

보스턴 칼리지의 카운슬링 심리학 교수 재닛 헬름스는 시험 설계 단계에서 IOS에 직무 분석 내용을 제출한 현직 소방관 중 3분의 2가 백인임을 확인했다. '백인 남성 소방대원이 할 수 있는 경험을 다른 집단 구성원은 할 수 없기 때문에' 여러 인종으로 이루어진 구성원은 일을 서로 다른 방식으로 처리하게 된다고 헬름스는 공무원위원회에 전했다. 직무 분석 내용에 관련해 백인 소방대원들에게 의존하는 것이 편향된 요소를 도입하게 했을 수 있다고 그녀는 시사했다.

공무원위원회의 최종 5차 회의는 인증에 반대하는 시 관리들의 주장과 함께 시작했다. 뉴헤이븐시의 고문은 적용 가능한 불평등 영향 기준을 반복해서 설명했다.

불리한 영향을 발견하는 것은 시험 절차 검토의 시작이지 끝이 아니다. 특정 절차가 불리한 영향을 발휘한다면, 그것이 해당 직업과 얼마나 밀접한 연관을 지니고 있는지 살펴보고 자질, 성향, 직위에 관련해 덜 불리하되 똑같이 유효한 시험 방식이 있는지 살펴봐야 한다.

뉴헤이븐시는⋯ 이 기준 아래 제7편의 법적책임에 취약할 것이라고 다른 관리들은 주장했다. ⋯

일반인 구성원들에게 의견을 제기할 최종 기회를 부여한 뒤, 공무원위원회는 인증에 대한 투표 결과 2 대 2로 나뉘었고, 원칙에 따라 비인증하기로 했다. ⋯

C

공무원위원회의 투표 후 청원인들은—시험에서 높은 성적을 받은 백인 소방대원 17명과 히스패닉 1명—미국 코네티컷 지방법원에 소송을 제기했다. … 청원인들은 피항소인들이 인증에 반대함으로써 제7편의 불평등 대우 규정과 수정헌법 14조 평등 보호 조항을 위반해 자신들을 차별 대우했다고 주장했다. 인증하지 않기로 한 결정은 제7편의 불평등 영향 규정에 따른 합법적 대응이며 제7편의 불평등 대우 금지 규정을 어기지 않은 것이라고 피항소인들은 답했다. …

II

A

제7편은 1965년 7월 시행되었다. 고용주들은 '백인' 직업에서 소수 인종을 배제하는 규칙과 관행을 삭제함으로써 해당 법에 대응했다. 그러나 인종에 근거한 직업 분류를 없앴다고 평등한 기회가 주어진 것은 아니었다. 보다 교묘한—그리고 가끔은 무의식적인—형태의 차별이 이전의 차별을 대체했다. …

'시민의 권리와 관련된 법들의 범위와 효력을 크게 감소

시킨 미국 대법원의 여러… 최근 결정'에 대한… 대응으로, 국회는 1991년 민권법을 제정했다. 1991년 수정을 통해 국회는 제7편의 불평등 영향 요소를 공식적으로 성문화했다. … 일단 고소인 측이 채용 관행이 불평등한 결과를 불러온다는 것을 증명하면, 고용주는 '해당 관행이 문제의 직위에 대한 근무와 관계있으며 사업 필요성에 일치함을 보여줄' 책임이 있다고 수정된 제7편은 명시한다. …

B…

… 오늘 대법원은 해당 법의 핵심 지시와 맞지 않는 판결을 내린다. 고용주가 제7편의 불평등 영향 규정을 지키기 위해 채용 관행을 변경하면, 그것은 '인종 때문에' 조치한 것이며, 이는 제7편의 불평등 대우 규정이 일반적으로 금지하는 것이라고 대법원은 설명한다. 고용주가 규정을 준수하기 위해 취한 행동을 이처럼 설명하는 것은, 국회의 의도에 대한 무관심을 보여준다. …

… 국회는 소수집단 구성원에게 불리하게 작용하는 선정 기준은 사업의 필요성에 따라 정당화될 때만 유지된다고 선언했다. 국회의 의도에 맞추어, 신뢰도를 의심해 그러한 기준을 거부하는 고용주는 인종 '때문에' 차별한다고 주장할

수 없다. 해당 법을 지키고 모든 인종의 자격을 갖춘 후보에게 공정한 기회를 부여하고자 하는 노력은 국회가 금지하려는 것이 아니다. …

C

불평등 대우와 불평등 영향 사이의 '갈등'을 '해소'하기 위해 대법원은 수수께끼 같은 기준을 내놓는다. 고용주는 행동의 필요성을 설명하는 '강력한 증거의 근거'가 있는 경우에만 제7편의 불평등 영향 규정을 준수할 수 있다고 대법원은 선언한다. 관계가 없는 평등 보호 판례에서 끌어온 대법원의 기준에 대해서는 자세히 설명하지 않았다. 어떤 건이 그 기준에 부합하는지, 이 건이 부합하지 않는다고 대법원이 확신하는 이유가 무엇인지 궁금하다. …

Ⅲ

A

… 본인은 선정 절차에 결함이 있으며 그것이 사업에 필요하다는 이유로 정당화되지 않는다고 뉴헤이븐시 측이 믿는 충분한 이유가 있다고 주장한다. … 상소인은 뉴헤이븐시가 제7편에 명시된 불평등 대우 규정을 어겼기 때문에 시

험 결과를 인증하지 않는다는 사실을 증명하지 못했다.

뉴헤이븐시가 '불평등 영향 법적책임에 대한 명백한 사례에 직면했음'에 모두 동의한다. … 조사 결과, 시험 과정 자체와 대안 선정 방법을 고려하지 않은 시의 실책이 큰 우려를 낳았다.

소방관을 채용하는 데 필기시험 비중이 크다는 것은 의문스러운 부분이다. 자질이 뛰어난 소방관은 '요원을 효과적으로 지휘하고, 규율을 유지하며, 화합을 증진하고, 건전한 판단을 내리며 다른 관리들과 협력하는 능력'을 갖추어야 한다. 이러한 자질은 필기시험으로 충분히 측정할 수 없다. …

… 대부분의 시에서 뉴헤이븐시와 같은 방식으로 소방관 후보를 평가하지 않는다는 사실은 당연하게 느껴진다. 포괄적 통계는 부족하지만, 1996년 연구에 따르면 조사 대상 시 중 약 3분의 2가 승진 절차의 일부로 평가 센터('실제 작업 환경 시뮬레이션')를 이용했다. …

공무원위원회에서 이루어진 증언은 이처럼 대안적 방법이 더욱 신뢰할 수 있고 덜 차별적임을 보여주었다. … 이처럼 증명된 대안이 널리 적용된다는 점을 고려하면, 뉴헤이븐시는 낡고 배타적인 선정 절차에 따른 승진이 사업 필요성에 해당한다고 주장할 입장이 아니었다. …

··· 뉴헤이븐시는 불평등 영향 법적책임에 대한 취약성을 염려할 이유가 또 있었다. ··· 공무원위원회에서의 증언은··· 학습 자료 접근권이 불평등하며 해당 시험을 개발하는 데 비소수자 소방관의 직무 분석에 주로 의존함으로써 잠재적 편견이 개입될 수 있다는 의문을 제기했다.

기록 내용을 보면 뉴헤이븐시가 불평등 영향 법적책임을 염려할 이유가 충분함을 알 수 있다. 더욱이 강력한 증거 근거 기준 아래 시험이 지닌 여러 결함 중 재판에 회부할 만한 쟁점이 나오지 않는 이유에 대해 대법원은 아무런 설명도 하지 않는다.

B

대법원의 의견에 동의하는 앨리토 대법관은 합리적인 배심원단이라면 피항소인이 실제로 불평등 영향 소송을 우려해서 행동한 것이 아니라 '정치적으로 중요한 흑인 선거구를 회유'하고자 했음을 알게 되었을 수 있다고 주장한다. ···

··· 앨리토 대법관의 분석에는 보다 근본적인 결함이 있다. 정치적 고려를 불법적 차별과 동일시한다는 점이다. ··· 정계 관리들이 정치를 염두에 두는 것은 특별할 것 없는 일이고, 정치가가 불법적 차별 없이 선거구의 표를 얻는 데는

여러 방법이 있다. 법원들이 인정했듯 '정치가는 언론의 혹평에 반응하지만… 정치적 호의를 얻기 위해 한 가지 상황에서 이익을 취하는 것은 제7편을 위반한 것이 아니다.'

… 뉴헤이븐시의 비인증 결정으로 승진 후보들이 다시 한 번 선정 과정을 거쳐야 하는 것은 유감이다. 그러나 결함 있는 시험으로 지휘관이나 소방관에게 필요한 자질을 갖춘 후보를 배제한다면 더욱 유감일 것이다. 오늘 대법원은 그러한 결정을 내렸다. 이는 오랫동안 평등한 기회를 얻지 못한 집단은 '형식 면에서 공정하나 차별적으로 작용하는' 시험을 통해 차단당하는 일이 없으리라는 그릭스 재판의 약속을 깨는 선택이다.

본 재판은 불운한 상황, 즉 뉴헤이븐시가 애초에 더 나은 선정 과정을 적용했더라면 피할 수 있었던 상황을 보여준다. 그러나 본 재판은 제7편을 위반한 인종에 근거한 차별은 드러내지 않는다. 본인은 피항소인들이 '상당한 통계적 불균형'을 보여주지만 '그 이상은 아니'라는 잘못된 가정에 기초한 대법원의 판결에 반대한다.

셸비 카운티 대 홀더(2013)
소수 의견

——————— 미국 역사상 가장 기념비적인 법 가운데 하나는 1965년에 통과된 투표권법이다. 흑인에게서 투표권을 박탈하는 다양한 장애물에 대응해 제정된 이 법에는 특정 사법 구역에서 투표법을 어떻게 변경하더라도 안전성을 보장하기 위해 연방 법무부에 회부하도록 하는 규정이 포함되었다. 그 규정이 효력을 발휘한 지 50년이 넘었을 때 해당 지역 중 한 곳인 앨라배마주 셸비 카운티의 한 단체가 그 규정의 위헌성 여부를 놓고 소송을 제기했다. 대법원은 소송에 대부분 동의하며 낡고 현 상황을 반영하지 못한다는 이유로 해당 규정을 폐지했다. 긴즈버그 대법관의 소수 의견은 해당 규정이 수정헌법 14조의 평등 보호 약속과 수정헌법 15조의 평등한 투표권 약속을 실현하는 데 합법적이고 효과적인 도구 역할을 했음을 설명하며 해당 법의 본

래 목적을 기린다.

I

'투표 차별은 지금도 존재한다. 누구도 그 점을 의심하지 않는다.' 그러나 오늘 대법원은 그 차별 금지에 가장 적합한 해결책을 없애려 한다. 1965년의 투표권법(VRA)은 다른 개선책들이 실시되고 실패한 곳에서 투표 차별과 싸워왔다. 가장 극심하게 소수자 투표권 차별이 이루어진 지역에서 투표권법을 변경하는 경우 연방 정부의 사전 승인을 요구하는 규정은 특히 효과적이다.

수정헌법 14조와 15조가 시민에게 인종에 근거한 차별 없는 투표권을 보장한 지 100년이 지난 지금도 '투표에 관한 인종차별이라는 병충해'가 '미국의 여러 지역 선거 과정을 좀먹었다.' 이와 같은 피해에 대처하기 위해 초기에 행한 시도는 히드라와의 싸움과 비슷했다. 한 가지 형태의 투표 차별이 확인되어 금지하면, 그 자리에 다른 형태의 차별이 생겨났다. 본 대법원은 소수자 시민에게서 투표권을 빼앗는 '다양하고 끈질긴 법'과 계속 마주쳐왔다. …

… 투표권법은 우리나라 역사상 연방 입법 권한 가운데 가장 중대하고 효과적이며 정당한 행사로 꼽혔다. 해당 사

법 구역―헌법의 명령에 대한 반대가 가장 거센 주 및 지역―의 투표법을 변경하는 경우 연방 정부의 사전 승인을 요구하는 투표권법은 해당 주와 소수자 투표자 모두에게 적절한 해결책을 제공했다. 투표권법 제5조의 사전 승인 제도 아래, 해당 사법 구역은 법무부에 투표권 및 투표 절차 변경 내용을 사전에 제출해야 하고, 법무부는 그 변화에 대해 60일 내에 대응한다. 법무부에서 변경 내용에 '인종이나 피부색에 따라 투표권을 거부하거나 축소하려는 목적… 혹은 효과'가 없다고 판단하면 승인을 받는다.

수정헌법 14조와 15조의 약속을 지키는 데 100년간 실패한 뒤 투표권법이 통과되면서 마침내 개선이 이루어졌다. '법무부는 투표권법이 통과된 지 5년이 지난 뒤 앨라배마, 미시시피, 조지아, 루이지애나, 노스캐롤라이나와 사우스캐롤라이나의 흑인 투표 등록자 수는 1965년 이전 100년간 등록자 수와 거의 같았다'고 추산했다. 그리고 2006년 투표권법의 효과를 평가하는 데 관련해 국회는 다음과 같은 사실을 알게 되었다. '소수자 투표자 등록, 투표 및 국회, 주 입법기관, 지역 선거사무소에서 소수자 비율이 증가하는 등 소수자 투표자들이 경험한 1세대 장벽을 없애는 데 상당한 진전이 있었다. 이는 1965년 제정된 투표권법이 직접적으

로 가져온 결과다.' 원인과 결과의 문제에서 사실상 의심의
여지가 없다. …

　… 국회는 1970년 5년간, 1975년 7년간, 1982년 25년간
투표권법을 재인가했다. 매번 본 대법원은 그것이 국회 권
력의 타당한 행사임을 확인했다. 1982년 재인가 만료 기한
을 앞둔 2007년, 국회는 다시 투표권법의 사전 승인 절차가
해당 지역의 투표 차별 문제에 대한 적절한 대응책인지 고
려했다.

　국회는 이 문제를 가볍게 여기지 않았다. 오히려 그 반대
였다. 갱신에 책임이 있는 109회 국회는 일찍, 성실하게 시작
됐다. … 7월 중순, 하원은… 찬성 390표 대 반대 33표로 재
인가를 통과시켰다. 이 법안은 상원에서 토론되었고, 98 대
0으로 통과시켰다. 일주일 뒤인 2006년 7월 27일에 부시 대
통령이 '부정과의 싸움에서… 더 노력할' 필요를 인정하고
재인가를 '모든 사람이 가치를 인정받고 위엄과 존중 속에
서 대우받는 미국을 위한 헌신의 사례'라고 말하며 법안을
승인했다.

　긴 입법 과정을 통해 국회는 '상당한 기록을 쌓았다.'…

　입법 기록 전체를 살핀 후 국회는 다음과 같은 사실을 알
게 되었다. 투표권법은 투표에 대한 1세대 장벽을 제거하는

데 중대한 발전을 이루었고, 소수자 투표자 등록과 투표, 소수자 당선자 수를 크게 증가시켰다. 그러나 이러한 발전에도 '소수자 투표자를 선거 과정에 온전히 참여하지 못하도록 하는 2세대 장벽'이 여전히 존재하며, 해당 사법 구역에서 인종적으로 극단화된 투표도 마찬가지라 해당 구역의 인종적, 언어적 소수자는 정치적으로 더욱 취약해졌다. '지속적인 차별'의 광범위한 증거가 해당 사법 구역에 대해 '연방정부가 감독해야 할 필요성을 명백히 보여준다'고 국회는 결론 내렸다. 전체적인 기록에 따르면, '1965년 투표권법이 지속적으로 효력을 발휘하지 못하면 인종 및 언어 소수자는 투표 권리를 행사할 권리를 빼앗기거나, 그들의 표가 희석되어 지난 40년간 소수자가 이룬 중대한 성과를 침해하는 결과를 낳을 것'임을 연방 국회의원들은 알게 되었다.

　이러한 사실에 근거해, 국회는 25년간 사전 승인 절차를 재인가했으며 여전히 규정이 필요하고 효과적인지 확인하기 위해 15년 뒤 연장을 재검토할 예정이었다. 대법원이 결정할 문제는 국회가 헌법에 의거해 그런 조치를 취할 권한이 있는지 여부다.

II

이 문제에 대답하는 데 있어 대법원이 처음 판결을 내리는 것은 아니다. 수정헌법 14조와 15조를 집행하는 권력을 행사하는 문제에 대해 국회의 판단을 존중하는 것은 확고부동한 사실이다. 투표권법은 인종차별과 투표권의 문제를 다루며, 그것은 '모든 권리를 보존하는 방부제'다. 헌법상 가장 부당한 차별, 민주주의 체제의 가장 근본적인 권리에 직면할 때, 국회의 권력은 최고에 다다른다.

이러한 존중의 근거는 헌법과 판례에 깊이 뿌리내리고 있다. 투표권에서 정확히, 그리고 오로지 인종차별만 겨냥하는 수정헌법 15조는 이 영역에 관련해 '국회는 적절한 입법을 통해 이 조항을 시행할 권력을 가져야 한다'고 명시한다. 이 말을 선택하면서 수정안 입안자들은 필요 및 적절성의 조항 아래 국회 권력의 범위에 관련하여 마셜 대법원장이 쓴 표현을 언급한다.

목적이 합법적이도록, 즉 그것이 헌법 범위 내에 있도록 하면, 적절하고, 그 목적을 위해 분명히 채택되었으며, 금지된 것이 아닌, 헌법의 글귀와 정신에 부합하는 모든 수단은 합법적이다.

국회가 투표권을 인종차별에서 보호하기 위해 채택한 투표권법이 수정헌법 15조의 글귀나 정신, 남북전쟁 수정에 비추어 해석한 헌법의 어떤 규정에도 부합하지 않는다고 주장할 수는 없다. 오늘 제기된 의견 그 어디에도… 수정헌법 15조가 성취하고자 한 변화의 효과에 대해서는 명백히 인정하는 부분이 없다. …

III

A

우선 국회가 사전 승인 해결책을 유지하고자 하는 결정의 근거로 삼은 증거를 제시하고자 한다. 그 해결책이 제대로 유지되는지 여부를 평가할 가장 확실한 방법은 사전 승인이 여전히 투표법의 차별적 변경을 막고 있는지 알아보는 것이다. …

1982년부터 2006년까지 법무부는 차별적이라는 판단 아래 700건의 투표 변경에 반대했다. 국회는 법무부가 반대한 건 중 대다수에서 차별적 의도를 찾아냈으며, 사전 승인에 따라 금지된 변경 사항은 '소수자 투표자를 정치 절차에 온전히 참여하지 못하도록 하는 계산된 결정'이었음을 발견했다. 게다가 같은 기간 법무부와 민사 고소인은 제5조 사전 승인 요건을 시행하기 위해 100건 이상의 소송에서 승소했다. …

… 사전 승인 절차에 따라 중단된 변경 사항을 살펴보면, 제5조가 소수자들의 투표권을 보호하고 있음을 알 수 있다. 다음은 2006년 재인가에 이르기까지 금지된 변경 사항의 사례다.

♦ 1995년, 미시시피주는 '1892년 흑인 투표자들에게서 투표권을 박탈하기 위해 처음 제정'되었으며, 그런 이유에서 1987년 연방 법원이 폐지한 이중 투표자 등록 체제를 다시 도입하고자 했다. …

♦ 2004년, 텍사스주 윌러 카운티는 출마하겠다고 밝힌 흑인 대학생 두 명에게 기소하겠다고 위협했다. 그리고 해당 카운티는 역사적으로 흑인 중심의 대학 근처 투표소에서 사전 투표수를 줄이고자 했다. …

이러한 사례와 이와 비슷한 수십 건의 사례가 입법 기록을 채우고 있다. '해당 사법 구역 내 투표에서 이루어지는 인종차별은 여전히 심각하고 만연하다'는 국회의 결론을 뒷받침할 증거는 충분했다.

국회는 이와 같은 종류의 정식 요청이 빙산의 일각일 뿐임을 보여주는 증거를 더 확보했다. … 이 증거를 보면 투표에서 인종차별이 이루어졌는지에 대한 감시를 완화하는 것은 시기상조라고 국회가 결론 지을 이유는 충분했다.

그렇다. 남부의 상황은 투표권법이 통과된 후 눈에 띄게 개선되었다. 국회는 이러한 사실을 확인했고 투표권법이 발전의 추진력임을 알게 되었다. 그러나 국회는 투표 차별이 보다 미묘한 2세대 장벽으로 진화했으며, 사전 승인 절차를 없애면 지금까지 이루어진 발전이 물거품이 될 수 있다는 사실도 알게 되었다. 이런 우려가 국회에 투표권법을 재인가할 적절한 원인을 제공했다는 것을 대법원은 이전에 알게 됐다. …

B

다음에는 국회가 제4(b)조의 범위를 재인가하는 결정을 내린 근거로 삼은 증거에 대해 논의하겠다. 국회는 범위를 변경하지 않았으므로, 이전에 사전 승인 절차를 밟아야 했던 사법 구역이 여전히 해당된다. …

해당 사법 구역이 투표에서 일어난 인종차별에 대해 특수한 역사를 지니고 있다는 데는… 의문의 여지가 없다. … 대법원은 '역사가 1965년에 끝나지 않았음'을 인정하지 않는 국회를 비난한다. 그러나 대법원은 '지나간 것이 서막'이라는 사실을 무시하고 있다. 그리고 '과거를 기억할 수 없는 이들은 반복할 수밖에 없다.' 국회는 이미 이루어진 발전을 강화하고 후퇴를 막을 필요가 있다는 사실을 특히 유념했다.

40년 동안 수천 가지 차별적 변경 사항을 사전 승인으로 막았지만, 해당 사법 구역의 상황은 '현재의 요구'가 여전히 정당화됨을 보여주었다.

국회는 1982년에서 2004년까지 제2조 소송을 확인한 카츠 연구라는 보고서를 통해 이러한 상황을 알게 되었다. … 이 연구에서 확인된 사실은… 투표에서 인종차별은 '사전 승인이 지정된 사법 구역에 집중'되어 있음을 시사한다. …

… 국회는 해당 사법 구역에 어떤 방법도 제공하지 않거나 감독이 필요한 사법 구역을 무시했다면 융통성이 없다는 비판을 받을 수도 있다. 그러나 국회는 이러한 우려에 대응했다. 국회의 기획에서 핵심 요소는 사법 구역이 사전 승인에서 '출감'하도록 허락하는 법 규정과 법원이 명령한 '포함' 법 규정이다. …

국회는 투표권법의 출감 구조가 그동안 투표권법의 해당 구역을 조정하는 효과적인 수단을 제공했다는 데 만족했다.

… 200곳에 가까운 사법 구역이 사전 승인 요건에서 벗어났으며, 법무부는 1984년 현재의 출감 절차가 효력을 발생한 이후 자격을 갖춘 사법 구역의 모든 신청에 동의했다. 포함 구조 역시 효과가 있었다. …

이와 같은 경험은 본 법이 1965년 이후 고정된 것으로 보는 대법원의 견해가 부정확하다는 것을 드러낸다. 국회는 투표권법이 변화하는 상황에 맞추어 조정될 수 있는 역동적인 법이 되도록 구상했다. …

IV

국회는 투표권법의 2006년 재인가에 매우 신중하고 진지하게 접근했다. 하지만 오늘 대법원의 의견에 대해서는 그렇게 말할 수 없다. 대법원은 국회가 수합한 것과 같은 엄청난 입법 기록을 참고하려 하지 않는다. 대신 대법원은 투표자 수 증가와 참여만이 전부인 듯 거기에 의존한다. 검토 기준도 확인하지 않은 채 대법원은 '기록의 데이터'에 근거한 주장을 일축하고 '그 기록이 보여주는 바에 대한 토론'에 참여하기를 거부한다. 한 나라의 시민권 입법의 귀중한 일부를 공격하는 의견이라면, 그 이상을 기대할 것이다.

본인은 매우 심란한 부주의를 발견했다. 우선 평소의 규제에 비추어 대법원은 무슨 권리로 투표권법에 대한 셸비 카운티의 고소에 대해 언급하는가? … 셋째, 국회가 남북전쟁 수정안을 시행하기 위해 조치를 취할 때 보여준 존중하는 태도도 없고, 대법원은 입법 기록을 해결하고자 맞붙을 계획조차 없다.

A

셸비 카운티는 투표권법의 2006년 재인가에 대해 위헌 소송을 제기했다. '입법 법률에 대한 위헌 소송은 물론, 고소인이 그 법률이 유효한 상황은 존재하지 않음을 증명해야 하므로 성공하기 가장 어려운 고소'라고 대법원은 말한 바 있다.

… 그러나 본 재판에 대한 대법원의 의견은 본 소송을 개시한 특정 원고—앨라배마주의 셸비 카운티—에게 사전 승인을 요구할 권력을 국회가 행사하지 못하는 이유를 설명하지 않는다. 대법원이 입을 다문 이유는 분명하다. 셸비 카운티에 적용되는 투표권법의 사전 승인 요건에 논쟁의 여지가 없기 때문이다. …

… 앨라배마주의 상황이 바뀌긴 했지만, 심각한 우려는 남아 있다. 1982년에서 2005년까지 … 제5조의 제약 아래

서도 앨라배마주는 미국에서 가장 자주 '인종이나 피부색 때문에' 투표권을 '박탈하거나 축소'한 곳으로 밝혀졌다. …
앨라배마가 제2조를 위반한 역사만 살펴도, 2006년 해당 주에서는 제5조의 사전 승인 요건을 계속해야 한다는 국회의 결정이 정당하다는 사실을 알 수 있다. …

최근 FBI 조사에 따르면 주 정치에서 인종차별이 끈질기게 남아 있다. FBI 조사에 협조한 주 입법자들이 몰래 소지한 녹음기에 주 입법기관과 정치 협력자의 대화가 포착됐다. 녹음된 대화 내용은 충격적이다. 주 상원의원들은 흑인을 조롱하며 '원주민'이라 부르고 특정 도박 관련 투표를 실시하면 흑인 투표자의 참여율이 높아질 수 있으므로 해당 투표를 파기하겠다고 공개적으로 이야기한다. … 이 대화를 나눈 것은 1870년대도, 1960년대도 아니고 2010년이다. …

이와 같은 최근의 일화는 제5조의 사전 승인 요건이 앨라배마주와 그 정치 조직에 적용되는 것이 합헌임을 보여준다. 그리고 판례법에 따라 이는 본 재판의 판결에 충분히 영양을 줄 것이다. …

C

대법원은 여러 주에서 위헌적인 조치를 한 증거가 없거나 거의 없지 않은 한, 해당 입법의 변경을 여러 차례 거부해왔다. ⋯ 2006년 투표권법 재인가에 대한 국회 기록을 보면, 그런 주장은 불가능하다. 중대한 연방 권리의 박탈 혹은 축소 사례로 가득한 기록에 비춰보면 대법원은 이 사안을 마땅히 국회에 맡겨야 한다.

대신 대법원은 제4(b)조의 범위 규정이 '현재 상황'을 바탕으로 하지 않는다는 이유로 폐지하고 있다. ⋯ 퇴보할 위험이 크다는 국회의 결정을 뒷받침하는 증거는 매우 많았다. 사전 승인 제도가 차별적 변화를 막는 역할을 했고, 여전히 그러한데도 폐지하는 것은 비에 젖지 않는다고 폭풍우 속에서 우산을 내던지는 것과 마찬가지다.

그러나 대법원은 범위를 규정하는 것이 무의미하다고, '수십 년 된 데이터와 사라진 관행'에 근거한다고 주장한다. 투표 차별이 가장 심하게 나타나는 사법 구역이 어딘지 이 규정이 정확히 파악하고 있다는 사실을 입법 기록이 알려주는데도 대법원은 이를 대수롭지 않게 여긴다. 대법원은 국회가 '처음부터 다시 시작해야 한다'고 판결한다. 본인은 그 이유를 이해할 수 없다. ⋯

오늘 내린 판결의 서글픈 아이러니는 투표권법이 효과적인 것으로 판명된 이유를 전혀 파악하지 못한다는 것이다.

대법원은 투표권법이 1965년 존재한 특정 장치를 제거했으므로 사전 승인 규정이 필요 없다는 의미라고 여기는 듯하다. 그러한 믿음과 거기서 파생된 주장으로, 역사는 반복된다. 특정 투표 차별 방식을 파악해 폐기하면 문제를 해결할 수 있다는 가정이 틀렸다는 것은 투표권법이 제정되기 전에도 여러 번 확인되었다. 특정 시험이나 장치를 골라내는 이전 법과 달리, 투표권법은 소수자의 투표권을 침해하려는 '다양하고 끈질긴' 조치를 국회가 인정한 데서 출발한다. 사실 투표 차별이 더욱 교묘한 2세대 장벽으로 진화한 것은 사전 승인 조치처럼 효과적인 해결책이 소수자 투표권을 보호하고 권리의 후퇴를 막는 데 반드시 필요하다는 사실을 증명한다.

의심의 여지없이 투표권법은 평범한 입법이 아니다. 이 법은 국회가 오랫동안 미뤄졌고 특별하게 중요한 목표, 수정헌법 15조의 목적과 약속을 실현하기 위해 만든 것이다. 50년 동안 투표에서 인종차별을 종식하기 위해 다양한 노력이 이루어졌다. 투표권법 덕분에 한때 꿈꾸기만 했던 발전을 이루고 이를 이어나가고 있다.

2006년 투표권법을 재인가하는 데 근거가 된 기록 역시 특별하다. 하원 사법위원회 회장은 그것이 자신이 하원에서 일한 '27년 6개월 동안 미국 국회가 다룬 입법 중 가장 광범위한 고려를 한 것'이라고 설명했다. 빈틈없는 증거 수집과 심의를 거쳐 국회는 양당의 압도적 지지를 받아 범위 규정을 포함하는 투표권법을 재인가했다. '100년간 수정헌법 15조의 명령을 무시하면서 생긴 차별의 흔적을 없애고 모든 시민의 투표권을 헌법에서 보장하듯 보호하는 데 40년은 충분한 시간이 아니'라는 것이 국회의 판단이었다. '적절한 입법'에 의해 남북전쟁 수정안을 집행할 권력을 갖춘 조직이 내린 결정을 본 대법원은 반드시 존중해야 한다. 본인의 판단에 따르면 대법원이 국회의 결정을 기각하는 데 있어 큰 실수를 범하고 있다.

이러한 이유에서 본인은 항소법원의 판결에 동의하는 바다.

감사의 글

초안을 읽은 후 편집 사항을 알려주고 최종 원고를 정리하는 데 도움을 주어 이 책이 탄생하게 해준 모든 분께 감사하고 싶다. 에이던 캘벌리는 글의 모든 면면에 세심한 편집과 사려 깊은 의견을 제공했다. 프리얀카 파두구는 자료를 수집하고 '자유'라는 핵심 주제를 다루는 글을 강조하는 데 예리한 안목을 빌려주었다. 중요한 편집 조언을 해준 아내 앨리슨 브렛슈나이더는 소중한 작업 파트너가 되었다. 데이비드 맥네이미, 케빈 맥그레이비, 메건 버드, 올리비아 시먼스, 애미스태드 믹스, 노아 클라인, 라키 쿤드라는 고맙게도 초안을 읽고 값진 조언과 제안을 해주었다. 펭귄출판사의 엘더 로터와 엘리자베스 보그트에게도 감사드리고, 항상 나를 지지하고 격려하며 길잡이가 되어주는 에이전트, 레이프 세이질린에게도 고마움을 전한다.

코리 브렛슈나이더

옮긴이 **이나경**

이화여자대학교 물리학과를 졸업하고 서울대학교 영문학과에서 르네상스 로맨스를 연구해 박사학위를 받았다. 현재 번역가로 활동하고 있다. 옮긴 책으로 《애프터 유》, 《샤이닝》, 《어떤 강아지의 시간》, 《그림 슬리퍼》, 《검은 미래의 달까지 얼마나 걸릴까?》, 《길고 빛나는 강》 등이 있다.

긴즈버그의 차별 정의

2021년 08월 30일 초판 01쇄 발행
2024년 01월 02일 초판 02쇄 발행

지은이 루스 베이더 긴즈버그
해설 코리 브렛슈나이더
옮긴이 이나경

발행인 이규상 편집인 임현숙

펴낸곳 (주)백도씨
출판등록 제2012-000170호(2007년 6월 22일)
주소 03044 서울시 종로구 효자로7길 23, 3층(통의동 7-33)
전화 02 3443 0311(편집) 02 3012 0117(마케팅) 팩스 02 3012 3010
이메일 book@100doci.com(편집·원고 투고) valva@100doci.com(유통·사업 제휴)
포스트 post.naver.com/black-fish 블로그 blog.naver.com/black-fish
인스타그램 @blackfish_book

ISBN 978-89-68363-331-6 03300